서중석의 현대사 이야기 **❺**

서중석의 현대사 이야기

서중석 답하다
김덕련 묻고 정리하다

5

제2공화국과 5·16쿠데타,
미국은 왜 쿠데타를 눈감았나

오월의봄

일러두기
본문의 추가 보충 설명은 모두 김덕련이 정리했다.

책머리에

1

우리는 21세기에 들어와 극렬한 '역사 전쟁'을 겪고 있다. 역사 전쟁은 한국과 일본 사이에, 또 한국과 중국 사이에 벌어지는 것으로 알고 있는 사람들이 많겠지만, 오히려 한국 사회 내부에서 더 치열하다.

사실 최근에 와서야 비로소 역사 교육이 정상적인 길로 들어서는가 싶었다. 박정희 한 사람만을 위한 1인 유신 체제의 망령인 국정 역사 교과서가 21세기 들어 사라졌고, 가장 중요한데도 공백이나 다름없었던 근현대사 교육이 이루어지면서 한국사 교육이 조금씩 자리를 잡아가고 있었다. 이런 흐름을 따라 이제 극우 반공 체제나 권력의 손아귀에서 벗어나 역사 교육이 학문과 교육 본연의 자세로 조심스럽게 나아가는 듯싶었다.

우리 현대사에는 조금 잘될 듯하다가 물거품이 된 경우가 종종 있다. 역사 교육도 그렇다. 교육의 현장이 순식간에 전쟁터가 된 것이다.

2008년 이명박 정권이 들어서자마자 수구 세력은 오염된 현대사를 재교육하겠다고 나섰다. 과거 중앙정보부 간부, 수구 언론 논설위원 등이 포함된 강사들이 서울을 비롯해 전국 각지로 보내져 학생과 교육계, '사회 지도층'을 상대로 현대사 재교육에 나섰다. 강사라기보다 유세객遊說客이라는 표현이 맞겠지만, 이들 중 현대사 전공자라고 볼 만한 사람은 없었다. 현대사 전공자가 아니면 역사학자도 잘 모를 수밖에 없는 한국 현대사, 특히 해방 전후사를 수구 세력 이데올로기 대변자들한테 맡긴 것이다. 얼마나 다급했으면 그렇게 했을까 싶지만 해프닝이나 다름없었다.

거기까지는 그나마 양호했다. 그해 8월 15일은 공교롭게도 정부 수립 60주년이 되는 날이었는데, 특히 이날을 벼르고 벼르던 세력들이 광복절을 건국절로 명칭을 변경해 기념해야 한다고 나섰다. 일부는 뭐가 뭔지 모르고 가담했겠지만, 그것은 역사 교육의 목표, 국가 기강이나 민족정기를 한순간 뒤집어엎고 혼란에 빠트릴 수 있는 위험천만한 행동이었다. 친일파를 건국 공로자로 만들 수 있는 건국절 행사장에는 참석하지 않겠다고 독립 운동 단체가 단호히 선언하고, 독립 운동가들이 자신들이 받은 서훈을 반납하겠다고 강경히 주장해서 간신히 광복절 기념식을 치를 수 있었다.

가을이 되자 일선 역사 교사들에게 날벼락이 떨어졌다. 지금 쓰는 교과서를 바꾸라고 난리를 친 것이다. 모든 권력을 총동원해서 압력을 가해왔다. 그 전쟁터 한가운데에 서서 교사들은 어떤 사념에 잠겼을까. 역사 교사로서 올바르게 산다는 것이 무엇이라고 생각했을까. 그렇지 않으면 기구한 우리 현대사를 되돌아보았을까.

그로부터 5년 후 박근혜 정권이 등장하자 또다시 역사 전쟁이 벌어졌다. 이번에는 역사 교과서를 둘러싼 전쟁이었다. 2004~2005 년부터 구체적인 본색을 드러내고 조직적으로 활동하며 수구 세력 내에서 역사 문제에 대해 강력한 발언권을 확보해온 뉴라이트 계열이 역사 교과서를 만든 것이다.

뉴라이트 계열 역사 교과서는 어이없이 참패했다. 일본 극우들이 2001년에 만든 후쇼샤 교과서보다 더한 참패였다. 일제 침략, 친일파와 독재를 옹호했다고 그 교과서를 맹렬히 비판하던 쪽도 전혀 상상치 못한 결과였다. 그 교과서가 등장하기 몇 달 전부터 수구 언론이 여러 차례 크게 보도해 분위기를 띄우고, 권력이 여러 방법으로 지원을 하는 등 나름대로 총력전을 폈으며, 수구 세력이 지배하는 학교 재단도 있었기 때문에 어느 정도는 채택될지도 모른다고 크게 우려했는데 결과는 딴판이었다.

2

왜 역사 전쟁에서 이승만을 띄우는가. 박정희의 경제 발전 공로는 진보 세력 일부도 인정하기 때문에 이제 이승만만 살리면 다 된다고 보기 때문일까. 그렇지 않다. 근현대 역사에서 너무나 중요한 '비결 아닌 비결'이 거기 내장되어 있기 때문이다.

우리에게는 '역사의 죄인'이 있다. 우리 역사에서 제일 큰 죄인은 누구일까. 우선 친일파, 분단 세력, 독재 협력 세력이 쉽게 떠오를 것이다. 이승만을 존경하는 사람들에는 여러 유형이 있다. 친일파, 분단 세력, 독재 협력 세력이 거기 포함된다. 이들은 이승만을 살리고 나아가 그를 '건국의 아버지' '국부'로 만들어놓을 수만 있으면 '역사의 죄인'에서 벗어날 수 있다고 믿는 것 같다. 나아가 이승만이 국부가 되면 권력이나 사회적 지위, 기득권을 계속 움켜쥘 수 있다고 확신하고 있는 것 같다.

역사 전쟁은 수구 세력이 일으키는 불장난이라는 생각이 들 때가 있다. 60~70년 전 역사를 가지고 지금 아무에게도 득이 되지 않는 소모적인 전쟁을 일으킬 필요가 없기 때문이다. 사실을 왜곡하는 일 없이, 개방 시대에 맞게 그 시대를 폭넓게 이해하도록 가르치면 되는 것이다. 문제는 친일파, 분단 세력, 독재 협력 세력은 그렇게 생각하지 않는다는 데 있다. 자연인으로서 친일파는 생명이 다했지만, 정치적·사회적 친일파는 여전히 강성하다. 그러니 자꾸 문제를 일으킨다. 어두운 과거를 떨치고 새 출발을 할 때 보수주의가 자리 잡을 수 있는데, 비판자들을 마구잡이로 '종북'으로 몰아세우고 대통령 선거에서 NLL로 황당무계한 공격을 하는 데서 알 수 있듯이, 그들은 과거를 떨치지 못하고 독재 권력이 행했던 과거의 수법에 의존하고 있다. 이렇듯 수구 세력이 정치적 생명을 연장하려고 하기 때문에 역사 전쟁이 지겹게도 반복되고 있는 것이다.

우리에게는 '역사의 힘'이 있다. 항일 독립 운동과 반독재 민주화 운동이 줄기차게 계속된 것도, 우리 제헌 헌법에 자유·평등의 독립 운동 정신이 담겨 있는 것도 역사의 힘이다. 우리 국민이 친일파, 분단, 독재를 있어선 안 되는 잘못된 것으로 보는 것도 역사의 힘이다. 막강한 힘의 지원을 받은 역사 교과서가 참패한 것도 그렇다. 2014년에 국무총리 후보가 역사의식 때문에 순식간에 추락한 것도 역사의 힘이 아니고서는 설명하기 어렵다. 그런데도 해방-광복 70주년이 되는 2015년에 들어서자마자 역사 교과서를 국정화하겠다는 소리가 들리고, 수구 언론은 과거처럼 '이승만 위인 만들기'에 노력하고 있다.

진보 세력은 역사의 죄인 혐의에서 자유로울까. 현대사 진실 찾기, 역사 바로 세우기를 방기한 것은 어떻게 설명할 수 있을까. 1980년대에 운동권은 극우 반공 세력의 역사관을 산산조각 냈다고 생각하기도 했지만, 그것은 자만이었다. 현대사 진실 찾기를 방기할 때, 그것은 또 하나의 이데올로기이자 도그마로 경직될 수 있었다. 진보 세력은 수구 세력이 뉴라이트의 도움을 받아 근현대사 쟁점에 나름 대로 논리를 세워놨는데도 더 이상 자신을 채찍질하지 않았다.

1980년대에 그렇게 현대사에 열을 올리던 사람들 가운데 몇이나 해방과 광복, 광복절과 건국절의 차이를 설명할 수 있을까. 그들은 단정 운동에 대해서 어느 정도 지식을 가지고 있을까. 이승만이 대한민국을 건국한 국부가 아니고 제헌 국회에서 표결에 의해 선출된 초대 대통령에 지나지 않는다는 것은 또 얼마나 알고 있을까. 한마디로 이승만 건국론이 잘못된 주장이라는 것을 일반 사람들에게 구체적인 사실을 들어 조리 있게 설명해줄 수 있을까. 현대사의 이런저런 문제를 가지고 생각이 다른 사람들과 논전을 벌일 경우 상대방을 얼마나 설득할 수 있을까.

3

나는 역사 전쟁이 싫다. 특히 요즘은 이제 제발 그만두었으면 싶은 마음이 간절하다. 내가 현대사에 관심을 가진 것이 1960년대 중반부터이니, 반세기라는 긴 세월 동안 극우 세력의 억지 주장이나 견강부회와 맞닥뜨리며 살아온 셈이다. 하지만 어떡하겠나. 숙명이려니

하고 받아들이지 않을 수 없다.

2013년 6월 제자와 지인들 앞에서 퇴임사를 하면서 이런 이야기들을 전했고, 젊은이들이 발분하여 현대사를 공부해줄 것을 거듭 당부했다. 그러고 나서 얼마 후 프레시안 김덕련 기자에게서 현대사 주제들을 여러 차례에 걸쳐 인터뷰하고 싶다는 요청이 왔다. 그다지 부담이 없을 것 같아 응했다. 한국전쟁부터 시작했다.

김덕련 기자는 뉴라이트가 제기한 문제들을 포함해 여러 가지를 예리하게 추궁했다. 당연히 쟁점 중심으로 얘기가 진행됐다. 그런데 곧 출판 제의가 들어왔다. 출판을 한다면 좀 더 체계적으로 인터뷰를 이끌어가야 할 것 같았다. 그래서 이승만 건국 문제, 친일파 문제, 한국전쟁과 이승만 문제, 집단 학살 문제, 5·16쿠데타 평가, 3선 개헌과 유신 체제, 박정희와 경제 발전 문제, 부마항쟁과 10·26과 광주항쟁, 6월항쟁 등 중요 쟁점을 한층 더 깊이 파고들어가기로 했다.

욕심도 생겼다. 이승만에 대해서는 직간접적으로 다룬 여러 저작과 논문이 있지만, 박정희에 대해서는 두세 편의 논문과 일반적인 글이 있을 뿐이었다. 그렇지만 현대사에서 박정희는 18년이라는 커다란 몫을 가지고 있고, 1960~1970년대의 대부분이 포함된 그 18년은 정치적으로나 경제적으로나 대단히 중요한 시기였다. 그 중요한 시기 동안 박정희가 집권했으니, 그 시기를 통사로 한번 써야 하지 않겠느냐는 의무감 비슷한 것이 있었다. 그러던 차에 인터뷰가 책으로 나오게 된다니, 박정희 집권 18년의 전체 상을 박정희 중심으로 살펴보고 싶은 의욕이 생겼다.

해방 직후의 역사도 1980년대에 와서야 연구되었지만, 박정희 시기도 마찬가지였다. 그 당시 한국인의 대다수가 박정희의 창씨 명을 알지 못했고, 심지어 그가 남로당의 프락치였다는 사실조차 모르고 있었다. 적지 않은 사람들이 막 보급되던 TV 화면에 빠지지 않고 등장하는 박정희의 모습을 그의 참모습으로 알고 있었다. 더욱이 1990년대 중반, 특히 IMF사태 이후 박정희 신드롬이 일어나면서 그는 대단한 능력자로 신비화되기도 했다.

나는 박정희가 쿠데타를 일으켰던 그때부터 이미 박정희의 모습을 지켜보았다. 덧칠하지 않은 있는 그대로의 박정희를 볼 수 있었다. 그는 그렇게 특별한 능력이나 지식을 가진 사람이 아니었다. 다만 권력에 대한 집착이 생사를 초월하도록 강했고, 상황을 판단하는 총기가 있었으며, 콤플렉스도 있었고, 색욕이 과했다.

그런데 나는 박정희의 저작, 연설문집, 그에 관한 여러 연구와 글을 들여다보면서 의외로 일제 때의 군인 경험이 그의 일생에 지대한 영향을 미쳤음을 알게 되었다. 유신 체제, 민족적 민주주의-한국적 민주주의, 민족과 주체성 강조 등 '정치 이념'이 해방 이전의 세계관에서 먼 거리에 있지 않았다. 일제 때 군인 정신으로 민족, 주체를 강조하게 되었다는 것이 아주 이상하게 들릴지 모르겠지만, 거기에 박정희의 박정희다운 특성이 있고, 한국 현대사의 일그러진 자화상이 담겨 있다.

김덕련 기자와 인터뷰를 하게 된 것은 행운이다. 그는 대학 시절 국사학과에 재학 중일 때 내 현대사 강의를 들었다고 하는데, 현대사 지식이 풍부하고 문제의식이 날카로웠다. 중요 쟁점도 놓치지 않았고 미묘한 표현도 잘 처리했다. 거기다 금상첨화 격으로 꼼꼼하며 자상하기까지 하다. 김덕련 기자와 나는 이러한 작업에 잘 어울리는 좋은 팀이라고 생각한다. 출판에 대해 자신의 철학을 가지고 있고 공들여 편집하느라 애쓴 오월의봄 박재영 대표에게도 감사드린다.

서중석

차례

책머리에   **5**

연표   **16**

장면 정권과 5·16쿠데타

첫 번째 마당   4월혁명 덕에 권력 잡은 민주당,   **20**
'혁명 과업' 수행은 미적미적

두 번째 마당   들불처럼 일어난 통일 운동,   **43**
분단 장벽에 도전하다

세 번째 마당   박정희 주장대로   **63**
4월혁명 시기는 혼란기였나

네 번째 마당   억세게 운 좋은 박정희,   **82**
그의 과거는 비밀이었다

다섯 번째 마당   장면 정부가 정군 안 해 쿠데타?   **99**
권력욕과 진급 문제가 직접적 원인

여섯 번째 마당   박정희의 '혁명 이념',   **119**
식민 사관과 한국적 민주주의

일곱 번째 마당   쿠데타 막지 못하게 한 양대 걸림돌,   **134**
                양다리 걸친 장도영과 진압 막은 윤보선

여덟 번째 마당   좌익 경력 때문에 박정희 꺼렸다?   **155**
                미국이 쿠데타를 묵인한 이유

아홉 번째 마당   정치 깡패 이정재는   **189**
                진정 죽어 마땅했나

열 번째 마당   장준하는 왜 5·16쿠데타 직후   **208**
                "군사 혁명"이라 했나

열한 번째 마당   5·16쿠데타를 어떻게 평가할 것인가   **223**
                장면 정부 따라 한 군사 정권

나가는 말   **247**

연표

4월 26일   이승만, 하야 발표(승리의 화요일)

4월 27일   경향신문 복간

4월 28일   허정 과도 정부 수반, 각 부 장관 명단 발표(5월 2일 나머지 장관 발표)

                대구 중·고교 교원들, 교원 노조 발기

5월 3일   허정 수반 시정 방침 5개항 발표

5월 11일   거창 학살(1951년) 당시 신원면장 타살(이를 계기로 한국전쟁 전후 민간인
                학살 문제가 수면 위에 떠오르며 각지에서 유족회 결성)

5월 30일   국가보안법 개정(1958년 24파동 겪으며 삽입된 언론 조항 삭제)

6월 15일   내각 책임제 개헌안 통과

7월 29일   민의원·참의원 동시 선거(7·29총선)

8월 13일   윤보선, 제4대 대통령 취임

8월 23일   장면 민주당 정부 출범

9월 10일   김종필을 중심으로 한 육사 8기, 충무장에서 쿠데타 결의

10월 8일   서울지방법원, 4·19 발포 사건 관련 홍진기·조인구·곽영주에게 무죄 선고

10월 11일   4월혁명 부상자들, 원흉 처벌 특별법 제정 요구하며 민의원 의사당 진입

11월 1일   서울대 민족통일연맹(민통련) 발기 모임

11월 29일   부정 선거 원흉 처벌 등을 할 수 있도록 한 '개정 헌법' 공포

12월   네 차례에 걸쳐 지방 자치 선거 실시

12월 31일   부정 선거 관련자 처벌법, 반민주 행위자 공민권 제한법 공포

2월	장면 정부, 환-달러 환율을 1300 대 1로 조정
2월 8일	한미경제협정 체결
2월 25일	민족자주통일중앙협의회(민자통) 결성
3월 18일	2대 악법(데모 규제법, 반공임시특별법) 반대 투쟁, 대구에서 시작
4월 19일	서울대 학생들, 4·19 1주년 맞아 4·19 제2선언문 발표
4월말	장면 정부, 경제 개발 5개년 계획안 완성
5월 3일	서울대 민통련, 남북한 학생 회담을 비롯한 적극적인 남북 교류 제안
5월 13일	민자통, 남북 학생 회담 환영 및 통일 촉진 궐기 대회 주최
5월 16일	5·16쿠데타 발발
5월 18일	장면 내각 사퇴 군사혁명위원회 설치(19일 국가재건최고회의로 명칭 변경)
5월 21일	5·16쿠데타 세력, 정치 깡패들 내세워 '깡패들의 행진' 실시
5월 22일	최고회의, 23일을 기해 모든 정당·사회단체를 해체한다고 발표
5월 23일	정기 간행물 1200여 종 폐간
5월 25일	농어촌 고리채 정리령 발표
6월 6일	국가재건비상조치법(최고회의를 최고 통치 기관으로 명시) 공포
6월 10일	중앙정보부법 공포 재건국민운동 전개
6월 22일	특수 범죄 처벌에 관한 특별법 소급 입법
7월 3일	반공법, 인신 구속 등에 관한 임시 특례법 제정
7월 9일	중앙정보부, '장도영 등 장교 44명 구속 수사 중' 발표
10월 20일	황태성 체포(1963년 12월 14일 처형)
11월	박정희, 일본에 들러 기시 노부스케 등 만주 인맥 만난 후 미국 방문해 케네디와 회담
12월 21일	쿠데타 세력, 민족일보 사장 조용수 등 처형

장면 정권과
5·16쿠데타

4월혁명 덕에 권력 잡은 민주당,
'혁명 과업' 수행은 미적미적

장면 정권과 5·16쿠데타, 첫 번째 마당

김 덕 련 4월혁명 시기에 나타난 여러 운동은 1950년대에 조봉암과 진보당이 추구했던 새로운 대한민국을 향한 꿈과 이어져 있다고 볼 수 있다. 조봉암이 세상을 떠난 지 1년도 되지 않아 이승만 정권은 무너지는데, 4월혁명 시기에 조봉암이 살아 있고 진보당이 건재했다면 상황이 어땠을까 하는 생각이 든다.

서 중 석 조봉암은 1959년 7월 31일 교수대에서 형장의 이슬로 사라졌다. 그로부터 아홉 달 후에 4월혁명이 일어나 1960년 4월 26일 이승만이 물러난다. 일반적으로 사형수의 경우 바로 형을 집행하지 않고 보통 1년에서 3년 정도는 놔두지 않나. 9개월만 사형을 집행하지 않았더라면 조봉암이 4월혁명 시기에, 그리고 이승만 사임 이후에 얼마나 중요한 활동을 했겠나. 그러나 조봉암은 죽었다. 조봉암이 죽은 상태에서 진보 세력이 과연 얼마만큼 일을 잘해나갔는가, 조봉암의 평화 통일론이라든가 피해 대중을 위한 정치의 본뜻을 얼마만큼 잘 살려갔는가 하는 걸 생각해볼 필요가 있다. 물론 4월혁명 시기에 엄청난 변화가 이뤄지고 새로운 분위기가 생기기는 했다. 그러나 혁신계가 거기에 부응할 만한 활동을 했는가 하는 것에 대해서는 더 많은 연구, 논쟁이 있어야 할 것 같다.

혁명 과업 수행에 소극적이던 허정 과도 정부, 평화적으로 정권 넘긴 점은 평가해줘야

── 이승만 정권이 무너진 후 민주화는 어떤 식으로 진행됐나.

이승만 정권이 붕괴하면서 권력의 소재가 미묘하게 됐다. 이 당시 권력은 국회와 행정부로 양분돼 있었는데, 어쩌면 3권 분립 원칙이 가장 잘 살아 있었다고 볼 수도 있었다. 민주당이 다수당인 자유당의 목덜미를 꽉 잡고 개헌과 민주화 입법을 하는 방식이었다.

1958년 24파동 때 문제가 됐던 그 국가보안법이 1960년 5월 30일에 개정됐다. 말썽 많던 언론 조항은 사라졌으나, 불고지죄가 신설됐고 예비 음모 조항이 그대로 남아 있었다. 6월 15일에는 내각 책임제로 개헌한다. 국회는 양원(민의원과 참의원)으로 구성됐다. 1952년 발췌 개헌에 들어가 있었으나 이승만 대통령이 실행하지 않은 것을 이제야 하게 된 것이다. 내각 책임제로 바뀌어 이제 총리가 국무위원과 행정부의 각급 공무원을 임명하는 등 행정을 맡는다는 것 못지않게 이 개헌에서 중요했던 건 법관 선출제를 도입하고 헌법재판소, 중앙선거관리위원회 등을 새롭게 헌법 기관으로 설정했다는 점이다. 예컨대 법관 선출제에서는 대법원장과 대법관을 선거인단에서 뽑게 돼 있었다. 실제로 1961년 5·16쿠데타가 나기 직전에 그 선거인단을 구성하기 위한 작업에 들어갔었다. 법관은 대법관 회의에서 결의하는 것에 따라 대법원장이 임명하도록 돼 있었다. 5·16쿠데타가 일어나면서 실현되지는 않았지만, 그야말로 법원을 독립시키는 헌법을 만들어낸 것이다. 아울러 헌법재판소를 상설 기구로 만들었고 중앙선거관리위원회도 헌법 기관으로 격을 높였다. 대통령의 권한은 국무총리 지명권, 계엄 선포 거부권, 정당 소추에 대한 동의권 등으로 축소됐다. 이승만 정권 때는 행정부에서 임의로 진보당을 해산했는데, 이 헌법에서는 정당 해산 절차를 엄격하게 규정해 국가의 보호를 받도록 했다. 헌법의 기본권 유보 조항을 삭제하고 언론, 출판, 집회의 사전 허가나 검열제를 철폐했다.

— 이승만 사임 후부터 하나씩 짚었으면 한다. 이승만 사임 후 허
    정 과도 정부가 들어섰다. 허정 과도 정부는 어떤 역할을 맡
    았나.

허정 과도 정부 수반은 1960년 4월 28일 각 부처 장관 명단을
대부분 발표하고, 그것에 이어 나머지 장관 명단을 5월 2일 발표했
다. 각료 인선은 허정 혼자 할 수밖에 없었다. 자유당과 상의할 상
황도 아니었고 민주당의 도움을 받을 처지도 아니어서 허정은 자
신과 친분 관계가 있는 반공·보수 성향 인사들을 주로 끌어들였다.
대개 정치와 별 관계가 없던 인물들이었다. 물론 4월혁명을 이어받
아 혁명 과업을 수행해나갈 만한 내각은 아니었다.

허정은 5월 3일 자신의 기본 정책을 제시했다. 가장 주목받은
부분이 두 번째였다. 부정 선거 관련자 처벌 등에 관한 문제였다.
허정은 부정 선거 관련자 처벌을, 부정을 강요한 고위 책임자나 국
민에게 잔혹 행위를 한 자로 국한하겠다고 밝혔다. 나아가 혁명적
정치 개혁을 비혁명적 방법으로 단행하겠다고 천명했다. 이승만과
자유당 정권의 불법, 비리를 당시의 법 테두리 안에서 처리하겠다
는 소극적 태도를 분명히 한 것이었다. 이처럼 이승만이 지명한 장
관이 갖는 한계를 명확히 드러냈다.

허정은 다섯 번째 정책으로 한일 관계 정상화가 외교 관계에
서 가장 중요한 현안이라고 지적했다. 이승만의 기본 정책 중 하나
였던 반일 정책을 바꾸겠다는 것인데, 미국의 압력이 아니더라도
당연한 정책이었다.

— 허정 과도 정부에서 개혁이라고 할 만한 조치를 취한 것이 있나.

1960년 6월 허정 대통령 권한 대행이 아이젠하워 미국 대통령에게 기념품을 주고 있다. 허정의 최대 업적은 권력에 집착하지 않고 과도 정부의 임무를 3개월 전후로 끝내고 다음 정부를 탄생 시키려 했다는 점이다. 사진 출처: 국가기록원

장관 명단 발표에 이어 차관, 지방장관, 경찰국장, 정부 산하 기관 책임자를 발표했는데 새로운 인물이 없었다. 이래서 '이승만 정권의 제1급 책임자가 형사범으로 구속되자 제2급 독재·부패 책 임자를 영전시켜 그 자리를 메웠다'는 쓴소리를 들었다. 조용순 대 법원장과 대법관의 사표도 반려됐다. 법원도 문제였지만 특히 검찰

과 경찰은 대수술을 했어야 했다. 그러나 5월 3일 단행한 경찰 인사를 보면 전혀 그렇지 않았다. 그 때문에 여론이 악화되자 이호 내무부 장관이 발령을 취소하는 사태가 벌어졌다. 당시 20여 명의 경무관과 이사관 중 약 7할이 친일 행위자로 분류될 만큼 경찰 내부의 친일 청산은 중요했는데, 그 작업을 제대로 하지 않았다. 부정 축재자와 부정 선거 관련자 처벌에도 아주 소극적이었다.

— 허정이 뭔가 잘한 일은 없나.

허정은 자신의 정권이 제한적이라는 것을 잘 알고 있었다. 허정은 한민당 창당 8총무(수석 총무 송진우) 중 한 사람이어서 민주당 인사들하고도 친분이 있었다. 무리한 짓을 하지 않으려고 했다는 것이 업적이라면 업적이겠다. 허정의 최대 업적은, 어쩔 수 없어서 그랬다고도 볼 수 있지만 권력에 집착하지 않고 과도 정부의 임무를 3개월 전후로 끝내고 다음 정부를 탄생시키려 했다는 점이다. 다시 말해 1987년 6월항쟁 이전 한국에서는 허정 정부만이 합헌·합법적으로 정권을 이양한, 평화적 정권 이양을 한 정권이었다. 이 점은 높이 사줘야 한다고 본다.

7·29총선에서 참패한 혁신계,
압승 후 갈라진 민주당

— 이승만이 국민들에게 쫓겨난 후 석 달여가 지난 1960년 7월 29일 총선이 실시된다. 4월혁명을 계기로 진보 세력은 상승 국

1960년 7월 10일 서울 효창공원에서 열린
참의원 후보자 합동 연설회 모습. 7·29총선은
우리나라에서 처음이자 마지막으로 실시된
양원제 선거였다. 사진 출처: 국가기록원

제5대 민의원 선거 개표가 게시판을 통해 실황 중계되고 있다. 이 선거에서 민주당 후보들이 대거 당선되었고, 혁신계는 참패했다. 사진 출처: 국가기록원

면에 접어들었고, 때로는 후보 등록조차 어려웠던 그 이전 선거들에 비하면 여러모로 나은 조건에서 선거를 맞이했다. 혁신계는 이 선거에 어떻게 대응했나.

7·29총선은 우리나라에서 처음이자 마지막으로 실시된 양원제 선거였다. 여러 사정을 고려해 민의원과 참의원을 동시에 선거하도록 했다. 이 선거에서 처음에는 '혁신계가 30석 정도 확보할 것'이라고 신문에 보도되고 그랬다. 그렇지만 조금 지나니까 '이 선거에서 혁신계는 별 볼 일 없고 성적이 별로 좋지 못할 것'이라고 계속 보도되는 걸 볼 수 있다.

당시 혁신계는 몇 개로 난립해 있었다. 제일 큰 건 사회대중당

이었다. '사대당'이라고 불렸는데 서상일, 최근우, 별 성聖 자 쓰는 김성숙, 그리고 김달호와 윤길중 같은 진보당계가 다 여기 들어왔다. 최근우는 예전에 근로인민당에서 활동한 사람으로 여운형 계통이다. 그다음에 장건상을 대표로 한 혁신동지총연맹, 전진한과 이룰 성成 자 김성숙이 중심이 된 한국사회당이 있었고 고정훈은 구국청년당을 만들었다. 이렇게 혁신계가 갈라졌다는 점도 있었지만, 사회대중당 내에서도 서상일계하고 진보당계는 원수 사이였다. 사이가 매우 나빠서 7·29선거에서 상대방을 서로 떨어뜨리려고까지 했다. 진보당 사건 때 서상일이 아주 나쁘게 증언했기 때문인데, 그런 것이 4월혁명 후 혁신계 활동에 작용한 것이다.

이 선거에서는 민의원이건 참의원이건 민주당에서 압도적으로 당선됐다. 조직도 잘돼 있었고 자금도 풍부했지만 '자유당 때 너무 당하고 불쌍하지 않았느냐', 이런 것이 표심을 좌우하는 데 큰 역할을 했다. 그래서 그야말로 압도적인 다수가 됐다. 그렇지만 사실은 민주당의 신파와 구파는 정당을 같이할 사람들이 아니었기 때문에 거의 반반으로 쪼개진 정당이 된다고 볼 수 있다.

이와 달리 진보 세력은 '정말 이렇게 무력할 수 있느냐'고 이야기할 정도로 선거 결과가 아주 나빴다. 233명을 뽑은 민의원 선거에서 사회대중당 4명, 한국사회당 1명밖에 당선되지 못했다. 참의원은 58명을 뽑았는데 사회대중당, 한국사회당, 혁신동지총연맹에서 각각 겨우 1명씩 됐다.* 2004년에 민주노동당이 10석을 확보하는 것과 비교하면 이때는 민의원과 참의원을 다 합쳐도 그만큼에도 미치지 못한 것이다. 그런 면에서도 2004년 민주노동당 국회의원

● 이 선거에서 민주당 당선자는 민의원 175명, 참의원 31명에 이르렀다.

10명 당선은 상당히 의미가 있는 일이었다. 그런데 4월혁명기에 혁신계가 이렇게 적게 당선됐어도 영향력은 사실 민주노동당보다 훨씬 컸다.

— 혁신계가 참패한 이유는 무엇인가. 민주당이 압승한 이유 중 하나로 '이승만 정권 때 많이 당했다'는 것을 들었는데, 그때 당한 것으로 치면 혁신계가 훨씬 심하지 않았나.

왜 이렇게까지 혁신계가 무력했느냐. 우선 혁신계에서 정책으로 내세운 것을 민주당이 같이 내세운 게 많았다. 2012년 대선에서 박근혜 후보가 경제 민주화도 얘기하고 복지 정책을 이것저것 내세웠듯이, 복지 정책 같은 걸 민주당이 막 내세우고 그랬다. 그래서 혁신계에서 내건 정책하고 그렇게 큰 차이가 나지 않았다는 점이 작용했다. 또 혁신계에서 통일 문제에 대해 약간 진일보한 주장을 하자, 예전에 자유당이 했던 수법 그대로 민주당이 혁신계를 용공 세력으로 몰아친 것도 영향을 끼쳤다. 이때 통일 문제와 관련해 혁신계에서 그렇게 강하게 주장한 것도 아닌데, 민주당은 서상일이나 장건상의 주장에 대해 그런 식으로 공격했다.

무엇보다도 혁신계는 감옥소에 많이 드나들어서 이미 무력한 존재가 돼 있었다. 혁신계 인사들 중에서 나이 먹은 할아버지들은 수염이 허옇고 그랬는데, 지방에 있던 사람들은 자기 지역에 대한 영향력이 별로 없었다. 말하자면 혁신계의 대다수는 지역에서 지명도가 별로 높지 못했다. 그리고 조직력, 자금 이런 데서 워낙 떨어졌다.

사실 4월혁명 공간으로 새로운 사회가 열리고 커다란 변화가 일어난다고 하지만 그건 지식인, 학생 같은 세력을 중심으로 일어났다. 농민들을 포함해 다수의 일반 서민들에겐 1950년대에 반공주의가 오히려 내면화·체질화되고 있었다. 그렇게 된 데에는 조봉암과 진보당, 진보 세력이 이승만 정권 때 당했던 것, 그에 더해 한국전쟁 시기에 주민 집단 학살이 그토록 심했던 것들이 영향을 끼쳤다고 볼 수 있다. 그런 속에서 반공주의가 내면화·체질화되고 있었던 것이 7·29총선에도 영향을 끼쳤다고 할 수 있다.

예컨대 윤길중이 강원도 원성군(오늘날 원주)에서, 서상일이 대구에서 당선은 됐지만 이 사람들이 무소속으로 나왔으면 표를 더 많이 얻었을 것이다. 그런데 혁신계로 나왔기 때문에 주민들이 두려워하는 면이 있었다. 이런 여러 상황을 볼 때 혁신계는 과연 살아남을 수 있겠는가 하는 기로에 놓여 있었다.

—— 7·29총선이 치러진 지 얼마 후 지방 자치 선거가 실시된다. 혁신계는 어떤 모습을 보였나.

혁신계의 몰락을 더 확실하게 보여준 것이 1960년 12월 네 차례에 걸쳐 치러진 지방 자치 선거였다. 우리나라 역사상 처음으로 실시된, 그리고 1995년 김영삼 정권 때 지방 자치 단체장 선거까지 치러지기 전에는 실시되지 않았던 전면적인 지방 자치 선거였다.[•] 이때 서울특별시장 선거는 기명식 투표, 그러니까 자신이 찍으려는 시장 후보의 이름을 써넣어야 하는 전무후무한 방식으로 치러졌다.

• 지방 자치 선거는 5·16쿠데타 후 사라진다. 그 후 1991년 지방 의회 선거가 부활하고, 1995년 지방 자치 단체장 선거까지 실시된다.

이 선거에서 혁신계는 정말 완전히 몰락했다. 사회대중당에서 도의원이 2명 정도 된 것을 빼놓으면, 당선됐다고 내세울 만한 걸 찾아보기가 어려웠다. 총선 때보다도 훨씬 더 몰락한 모습이 지방 자치 선거에서 나타난 것이다.

그런데 그때쯤 해서 혁신계가 새로운 모습을 갖추기 시작했다. 비록 분열은 됐을망정 김달호를 중심으로 사회대중당이 새롭게 출범했고, 장건상과 진보당의 젊은 사람들이 혁신당을 만들었으며, 옛날에 여운형과 함께했던 근로인민당 계통이 중심이 돼서 사회당을 만들었다. 그리고 서상일, 윤길중, 고정훈, 그리고 한자를 달리 쓰는 두 김성숙 같은 명망가들이 이동화를 당 대표로 해서 통일사회당을 만든다. 통일사회당은 혁신계에서 가장 지명도가 높은 당이었는데, 1961년 1월에 출범한다. 총선과 지방 자치 선거에서 몰락했던 혁신계가 1961년에 들어가면서 영향력을 상당히 확대하는 데에는 통일 운동하고 2대 악법 반대 투쟁이 큰 역할을 했다.

—— 7·29총선에서 압승한 민주당은 이제 집권당으로서 새롭게 정부를 꾸리게 된다. 그런데 이 과정에서 심각한 내홍을 겪지 않나.

대통령보다는 국무총리를 누가 맡을 것이냐가 큰 관심을 끌었다. 우선 8월 12일 양원(민의원·참의원) 합동 회의에서 구파의 윤보선을 대통령으로 선출했다. 신파도 윤보선을 밀어주면서 윤보선은 압도적인 득표를 했다. 윤 대통령은 구파인 김도연을 국무총리로 지명했으나 민의원에서 찬성 111표, 반대 112표, 무효 1표로 부결됐다. 신파와 구파가 그야말로 백중세였는데, 구파가 패배한 것이다.

두 번째로 지명을 받은 신파의 장면은 찬성 117표, 반대 107표, 기권 1표로 아슬아슬하게 인준을 받았다. 그러나 장면은 첫 내각을 구성할 때부터 굉장히 힘들었다. 구파와 함께해야 하는데 구파가 보이콧했다. 결국 구파는 1명만 입각했고 신파 위주로 8월 23일 장면 민주당 정부가 출범했다. 9월 12일 5명의 구파 장관이 들어왔지만, 구파는 장면 정부를 계속 공격했다. 12월 12일, 구파는 결국 신민당을 결성하고 민주당에서 떨어져나갔다. 장면 정부는 1961년에 들어서 조금 지난 후에야 안정됐다.

민간인 학살, 김구 암살, 조봉암 사건…
이승만이 쫓겨난 후 터져 나온 진상 규명 목소리

—— 극우 반공 세력의 위세에 눌려 진실을 밝힐 수 없었던 사안들이 4월혁명을 계기로 각계에서 제기된다. 대표적인 것 중 하나가 한국전쟁 전후 민간인 학살 문제다.

한국전쟁 시기는 물론이고 이승만 집권기 전체에 걸쳐 억울한 일, 잘못된 일이 굉장히 많지 않았나. 그렇기 때문에 이승만 정권 붕괴 후 그런 것들의 진상을 규명하려는 운동 같은 것이 벌어지는 건 너무도 당연한 일이었다.

1951년 학살 당시 경남 거창 신원면장이던 사람이 1960년 5월 11일 타살되는 것을 계기로 주민 집단 학살 문제가 수면 위에 떠오르게 된다. 이때 서울에 있던 중앙지들도 한국전쟁 전후 민간인 학살 사건을 많이 보도했지만 부산일보, 영남일보 등 지방 신문들이

1960년 마산 피학살자 유족회 결성식장에서 오열하는 유족들의 모습.

이 문제에 대해 보도를 아주 많이 했다. 그때만 하더라도 학살된 지 10년 정도밖에 안 된 시점이었기 때문에 버려진 유골 모습 같은 것들이 아주 생생하게 사진으로 찍혀 신문에 나오고 그랬다.

　그러자 1960년 5월 23일 자유당과 민주당 합동으로 '양민 학살 사건 특별 조사 위원회'를 구성하기로 결정했다. 국회 특별 조사 위원회는 5월 31일부터 6월 10일까지 주로 경상남북도, 전라남북도, 제주도 지역에서 민간인 학살 사건을 조사해 6월 21일 국회 본회의에 보고서를 제출했다. 그러나 조사 기간이 너무 짧았고 지방 경찰이나 관청이 비협조적이어서 이 위원회는 보고서를 제대로 작성하기가 어려웠다. 특별 조사 위원회는 군·경·검 합동수사본부를 설치해 민간인 학살 사건을 철저히 조사하고 악질적 학살 관련자를 처벌하며 피해자 보상 문제를 풀기 위해 '양민 학살 사건 처리 특별 조치법'과 같은 특별법을 제정할 것을 건의했다. 그렇지만 민주당 정부와 국회는 더 이상 이를 문제 삼지 않았다.

결국 민간인 학살 문제를 풀기 위한 중심 역할은 유족이 맡게 됐다. 각지에서 유족회가 만들어져 진상 규명, 명예 회복, 유골 안치 등을 요구하는 활동을 펼치게 된다. 이때 유족회는 대부분 경상남북도와 제주도 쪽에서 만들어졌다. 전라도의 경우 함평 정도를 제외하면 눈에 띄는 것이 별로 없었다.

유족들은 1960년 5월부터 8월에 걸쳐 통영, 양산, 부산·동래, 김해, 마산, 창원, 울산, 밀양, 창녕 등지에서 활발한 활동을 벌였다. 8월 28일 각 시·군 피학살자 유족회 대표 70명 정도가 참여해 부산에서 '경남 피학살자 유족회' 결성 대회를 열었다. 경북의 경우 처음부터 도 단위 유족회 결성에 돌입해 6월 15일 '경북 지구 피학살자 유족회'와 합동 위령제 준비 위원회 결성 대회가 열렸다. 7월 28일에는 대구역 앞에서 경북 지구 피학살자 합동 위령제가 유족회 주도로 열렸다. 제주도에서는 1960년 5월 고순화, 이문교 등 제주대 학생들이 '4·3사건 진상 규명 동지회'를 발족했고 곧이어 모슬포 유족들이 피학살자 유족회를 결성했다. '전국 피학살자 유족회'는 10월 20일 서울의 옛 자유당사에서 결성 대회를 열었다. 유족회는 한국전쟁 초기에 인민군이 들어오지 않은 지역에서 왕성한 활동을 했다는 점도 눈여겨봐야 한다.

— 학살 문제뿐만 아니라 이승만 집권기에 발생했던 다른 사건들 즉 김구 암살 사건, 조봉암 사건, 김성주 사건, 장면 부통령 저격 사건도 큰 쟁점이 되지 않나.

김구 살해범 안두희의 인생은 한국 현대사의 축도縮圖이자 한 단면을 잘 보여준다. 1960년 4월 26일 이승만이 물러난다는 발표가 난 직후 안두희는 강원도 양구에서 청년들한테 몰매를 맞고 그때부터 도피 행각을 벌였다. 이승만 사임 발표 3일 후인 4월 29일 서울 한복판에서는 한 시민이 "백범 김구 살해범 안두희를 체포하라"는 피켓을 들고 시위했다.

　　1949년 6월 김구를 살해한 안두희는 피고인인데도 두 계급이나 진급했다. 원용덕이 재판장을 맡은 군사 법정에서 안두희는 대한민국을 위해 김구를 살해할 수밖에 없었다고 주장했고, 변호인은 대한민국에서 안두희를 표창해야 한다고 외쳤다. 한국전쟁이 나자 김창룡이 귀신같이 나타나 안두희를 형무소에서 끌어냈다. 그 후 군에 복귀한 안두희는 이승만 정권의 특별 보호를 받으며 승진을 거듭했고, 영관급으로 예편한 후에는 양구에 군납 공장을 차리고 큰소리치며 잘살았다. 반면에 이 시기에 김구는 '협상파'(남북 협상 참여파)라고 하여 이름을 언급하기도 어려웠고 극우 세력은 김구를 사갈시했다.

　　그런데 4월혁명을 맞으면서 이 모든 것이 거꾸로 됐다. 김구는 부활해 위대한 독립 운동가, 애국자로 추앙받았으며 독립 운동과 민족주의, 통일의 상징이 됐다. 그렇지만 안두희는 각지를 떠돌며 도피 생활을 하다가 5·16쿠데타가 나기 한 달 전인 1961년 4월 17일 '고 김구 선생 살해 사건 진상 규명 투쟁 위원회' 간사 김용희에게 붙잡혔다. 안두희를 다시 살려낸 건 바로 5·16쿠데타다. 그러나 1980년대에 와서 안두희는 신변에 위협을 받게 됐다. 1987년 6월항쟁 이후 여러 차례 테러를 당하다가 1996년 한 시민의 몽둥이에 생을 마감했다.

조봉암 사건도 4월혁명 후 다시 주목을 받았다. 1960년 5월 24일 구국청년당 대표 고정훈은 이승만의 지령으로 특무대와 대북 공작 기관 대원이 조봉암 사건을 조작했으며, 이승만이 김창룡에게 특별 지시를 내렸다고 폭로했다. 고정훈은 육군본부 정보국 차장, 조선일보 논설위원을 지낸 사람이다. 그런 경력 때문에 이 폭로가 주목을 받았지만, 고정훈은 물증을 제시하지 못했다. 조봉암은 21세기에 와서야 대법원 전원 합의 판결로 재심에서 무죄를 선고받았다.

1952년 정부통령 선거에서 조봉암 대통령 후보 선거 사무차장이었던 김성주를 헌병 총사령부에서 고문으로 사망케 한 사건은 그 당시에도 크게 주목받았지만, 4월혁명으로 재조명을 받게 됐다. 김성주 고문 살해 사건 당시 헌병 총사령관이던 원용덕은 중형을 선고받았다. 그렇지만 원용덕은 박정희 군사 정권에 의해 석방됐다.

장면 저격 사건은 1956년 9월 28일 민주당 전당 대회장에서 일어났는데, 4월혁명 후 김종원의 극적인 발언이 나오면서 재수사를 하게 됐다. 1960년 5월 의혹 사건으로 조사를 받던 전 치안국장 김종원이 장면 부통령 저격 사건의 진짜 배후는 임흥순이라고 '실언'을 한 것이다. 임흥순은 자유당 간부로 별명이 '대사大蛇'였는데, 4월혁명이 나기 1년 전에 서울시장이 됐다. 김종원의 발언 후 재수사를 한 결과 임흥순이 이기붕의 지시로 음모를 꾸며 사건 당시 내무부 장관이던 이익흥에게 지시를 내렸고, 이익흥은 치안국장 김종원에게, 김종원은 특정特情과장 장영복과 중앙사찰분실장 박사일에게, 장영복과 박사일은 다시 서울시경 사찰과장 오충환에게 지시해 장면 부통령을 저격하기에 이르렀다는 사실이 드러났다. 경찰의 중요 간부들이 한 묶음으로 연루됐다는 것이 밝혀진 것이다. 1961년

7월 대법원은 1심에서 사형 판결을 받은 임홍순과 이익흥에게 무기 징역, 김종원에게 징역 15년, 장영복·박사일·오충환에게 각각 징역 10년을 선고했다.

학살 문제에도 관심 없고 과거사 청산에도 미온적이던 장면 정권

— 이승만·자유당 정권 관계자 처단 문제도 새 정부가 풀어야 할 큰 과제였다. 장면 정권은 어떤 태도를 취했나.

허정 과도 정부는 말할 것도 없고 장면 정권도 한국사 최대의 비극인 민간인 집단 학살 문제에 관심이 없었다. 김구 암살 사건 등 많은 의혹 사건에 대해서도 마찬가지였다. 3·15 부정 선거 원흉, 발포 책임자, 부정 축재자와 함께 이승만·자유당 정권 때 비민주적 행위를 한 자들도 처벌해야 한다는 여론이 일었지만, 장면 정부는 이 부분에 대해서도 소극적일 수밖에 없었다. 이승만·자유당 정권 의 비민주적 행위는 크게 극단적인 반공 정책과 선거 부정 등 각종 부정과 비리로 나누어볼 수 있다. 그런데 장면은 한민당을 이은 민주당 구파와 비슷하게 단정 운동 세력의 일원이었고, 이승만 못지 않게 반공적이었다. 이른바 자유당과 민주당은 그냥 보수 세력이라 고 하기에는 민망할 정도의 분단·반공 세력으로 이란성 쌍생아로 도 불렸다. 그러니 장면 정부로서는 이승만·자유당 정권을 징치하 려는 의지를 갖기가 힘들었다.

1960년 8월 사무처 직원을 접견하고 있는 장면 총리. 3·15 부정 선거 원흉, 발포 책임자, 이승만·자유당 정권 때 반민주적 행위를 한 자들을 처벌해야 한다는 여론이 일었지만, 장면 정부는 소극적으로 대처했다. 사진 출처: 국가기록원

―― 이 시기에 혁명 입법을 촉진한 계기로 6대 사건 판결이 꼽힌
다. 어떤 판결이었나.

당시 검찰과 경찰뿐만 아니라 사법부에도 이승만 정권 때 있
던 사람들이 그대로 있었다. 또 부정 선거 원흉 등을 처단할 법도
미비했다. 김병로 초대 대법원장 같은 분은 하루속히 특별법을 제
정해 혁명 과업을 완수하라고 촉구했지만 허정 과도 정부, 장면 정
부한테는 마이동풍이었다. 그러다가 1960년 10월 8일 6대 사건 판
결이 났다. 장준택 판사는 4·19 발포 사건과 관련해 전 내무부 장관
홍진기, 전 치안국장 조인구 등에게 무죄 판결을 내렸다. 이날 홍진
기는 징역 9개월을 선고받았는데, 발포 사건이 아니라 선거법 위반

부분만 유죄가 인정돼 그렇게 된 것이었다. 또한 장준택 판사는 장면 부통령 저격 사건 관련자에게도 가벼운 형 내지 무죄를, 정치 깡패 사건의 신도환·임화수·유지광 등에게도 무죄 또는 가벼운 형을 선고했다.

물 끓듯 여론이 들끓어 개헌을 안 할 수 없게 됐는데, 10월 11일에는 4월혁명 부상자들이 원흉 처벌 특별법 제정을 요구하며 민의원 의사당에 난입하는 사건까지 일어났다. 상황이 이렇게 되자 민의원은 부정 선거 원흉, 발포 책임자, 반민주 행위자, 부정 축재자를 처벌할 수 있도록 한 헌법 개정안을 11월 23일 압도적 다수로 통과시켰다. 개헌안은 참의원도 통과했다. 그리하여 그해 연말까지 특별 재판소 및 특별 검찰부 조직 법안, 반민주 행위자 공민권 제한 법안, 부정 선거 관련자 처벌 법안이 통과됐다. 이 세 법안 중 통과시키는 데 가장 애를 먹인 건 반민주 행위자 공민권 제한 법안이었다. 민의원에도 자유당 관계자들이 들어 있었지만, 참의원은 20명 가까이 이 법에 해당될 수 있었기 때문이었다. 하여튼 1961년 2월 25일, 7년 동안 공민권이 제한된 공민권 제한 자동 케이스 제1차 해당자로 이승만과 이기붕 등 609명이 공고됐다.

부정 축재 특별법안은 통과시키기가 아주 힘들었다. 정치 자금을 받아먹은 정치인이 많았기 때문이기도 하지만, 재계에서 완강히 거부하면서 맹렬히 반대 운동을 벌였기 때문이었다. 1961년 2월 9일 민의원에서 이 법을 통과시킨 것을 4월 4일 참의원에서 대폭 수정해버렸다. 그 바람에 이 법에 걸릴 만한 사람이 없게 됐다는 비난을 들었다. 이 법은 1961년 4월 14일 공포됐지만 시행령이 5월 10일 공포돼, 곧이어 발생한 쿠데타로 아예 시행조차 되지 못했다.

특별 검찰부와 특별 재판부의 활동도 미약했다. 장면 정부가 비협조적이었고, 공소 시효 만료일이 34일일 정도로 법에 미비한 점이 많았다. 마지막 결정타는 5·16 군부 쿠데타였다. 1961년 1월 17일 출범한 특별 검찰부는 공소 시효 만료일인 2월 28일까지 전 법무부 차관 신언한, 전 성균관대 총장 이선근 등 26명을 구속 기소 하고, 유도회儒道會 간부이자 이인호 교수(현 KBS 이사장)의 할아버지 인 이명세와 이홍세 등 13명을 불구속 기소했다. 장경근은 일본으 로 도피했고, 거물급 상당수는 일반 법원에 기소됐다지만 용두사미 격이었다. 특별 재판소는 쿠데타 전날인 1961년 5월 15일까지 103 건, 263명을 접수해 4월 17일 전 내무부 장관 최인규에게 사형, 전 치안국장 이강학에게 징역 15년 등을 판결한 것이 고작이었다.

장면 정부는 혁명 입법에는 소극적이었지만 경찰에 대해서 만은 대대적으로 숙정 작업을 벌였다. 중앙 경찰 책임자 20명 중 18명, 총경의 70퍼센트, 경위의 54퍼센트가 물러났고 2000명의 경 찰을 신규 채용했다. 한승주 교수는 경찰 숙정으로 장면 정부가 자 신들을 약화시켰다고 평가했지만, 1961년 3~4월이 되면 치안력이 상당 부분 회복됐다. 장면 정부는 국군도 대폭 축소해 국방비의 상 당 부분을 경제 건설 비용으로 전용하려 했다. 그렇지만 미국이 완 강히 반대하고 군 내부의 반발도 심해 결국 태산명동서일필泰山鳴動 鼠一匹 격이 되고 말았다.

"비겁합니다! 선생님"
제자들의 질타에 새로 태어난 교사들

── 이승만 정권이 무너진 후 노동 운동도 활발하게 전개된다. 이

시기 노동 운동을 대표하는 것이 교원 노조라는 점이 눈길을 끈다. 교원 노조 운동이 활기를 띤 이유는 무엇인가.

교원들은 당시 최대의 지식인 집단이었다. 해방 직후도 비슷했지만 1950년대에 지식인들이 취직할 수 있는 데가 그리 많지 않았다. 이 사람들은 대개 교사가 됐는데, 그게 제일 쉬웠다고 볼 수 있다. 그래서 교사가 지식인 집단으로는 제일 큰 집단이었다. 그런데 이 사람들이 1950년대에 북진 통일 운동 같은 이승만 정권의 동원 정책, 여러 부정 선거에 아주 많이 동원됐다. 뙤약볕이 쪼이건, 비가 오건 북진 통일 운동 시위를 벌이고 궐기 대회에 학생들을 이끌고 얼마나 많이 가야 했나.

그래서겠지만 이승만 정권이 붕괴하고 나서 이틀 후인 1960년 4월 28일 대구 중·고등학교 교원들이 교원 노조를 발기했다. 그걸 시작으로 각지에서 교원 노조 결성을 위한 활동이 전개됐다. 그러자 허정 과도 정부는 교원 노조를 해체하라고 지시하고, 용납하지 않겠다는 태도를 취했다. 그러면서 법정 싸움이 벌어지고, 정부에서는 교원 노조 간부들을 전보 배치하고 교원 노조 간부들은 단식과 같은 극한투쟁을 벌이는 등의 사건이 연달아 신문 지면을 장식한다. 그렇지만 장면 정부 수립(1960년 8월 23일) 다음다음 날인 8월 25일 대구고등법원에서 '교원 노조 조직 자체는 합법'이라는 판결을 했다. 그러자 장면 정부는 '결성권은 인정한다. 그러나 쟁의권은 인정할 수 없다'는 것으로 방침을 정리한다.

1960년 8월 말 기준으로 초·중·고 교사 7만 5,000명 가운데 2만 2,000명이 교원 노조에 소속된 것으로 돼 있다. 경남에서는 교사들의 90퍼센트, 경북에서는 70퍼센트가 조합원이었다. 교사들의

90퍼센트, 70퍼센트면 압도적인 것 아닌가. 이렇게 교원 노조의 대부분은 영남 쪽에 존재했고, 다른 지방의 경우 그렇게 많지는 않았다.

── 교육 이외 부문의 상황은 어떠했나.

대한노총에서도 변신의 움직임이 있었다. 1959년 김말룡을 중심으로 한 전국노동조합협의회, 이걸 전노협(또는 전국노협)이라고 그 당시에 불렀는데 전노협 설립 준비 위원회가 4월혁명을 맞으면서 대한노총을 변신시키려고 노력했다. 그렇지만 내분이 끊이지 않았다.

이 시기에 노동 쟁의도 그전에 비해서는 활발하게 일어나고 새로운 노조 결성 움직임이 나타났다. 그렇지만 대개 사무 노조, 금융 노조, 언론 노조, 중소 사기업 노조의 결성이 많았고, 산업 노동자의 경우 아직은 상당히 제한적이었다. 그쪽(생산직을 중심으로 한 산업 노동자)에서는 노조 활동이라는 것이 많이 제한돼 있었다. 교원 노조를 비롯한 일부 노조는 1961년에 전개되는 여러 정치 투쟁에 참여하기도 했다.

교원 노조원이 급격히 늘어난 바탕에는 이승만 정권 때처럼 살지는 않겠다는, 다시 말해 자괴감을 곱씹으며 정권 유지 도구로 살아가지는 않겠다는 교사들의 각오가 있었다. 아울러 4월혁명 때 피 흘린 제자들을 잊지 않겠다는 마음도 담겨 있었다. 1960년 4월 대구의 교사들이 전국의 교사들에게 교원 노조 결성을 호소하며 발표한 글의 다음 대목(〈 〉 부분)에서도 이를 느낄 수 있다.
〈"선생님! 정의와 국가와 민족을 위하여 생명을 바쳐 싸워야 한다고 말하지 않았습니까" 하고 정열에 불타던 그 눈동자! "비겁합니다! 선생님" 하고 외치던 그들의 울부짖음! 그들의 모습! 우리는 여기 양심의 가책과 자괴가 없을소냐. 전국의 교원 동지들이여! …… 침체한 자리를 박차고 우리들도 진정한 교원의 권리를 찾자. 그들이 갈망하는 민주 학원을 건설하여 이 나라 민주주의의 교두보를 구축하자.〉

들불처럼 일어난 통일 운동,
분단 장벽에 도전하다

장면 정권과 5·16쿠데타, 두 번째 마당

김 덕 련 4월혁명을 계기로 민간인 학살을 비롯한 과거사 진상 규명 운동, 교원 노조를 중심으로 한 노동 운동이 활발하게 전개됐음을 지난번에 살폈다. 이와 더불어 이 시기를 살필 때 빼놓을 수 없는 것이 통일 운동이다. 이 시기에 통일 운동이 크게 일어난 이유는 무엇인가.

서 중 석 4월혁명기를 특징짓는 제일 큰 움직임은 이승만·자유당 정권을 징치하는 특별 입법, 그러니까 부정 선거라든가 학생 등을 죽게 한 발포 사건에 대한 것까지 포함하는 특별 입법과 함께 역시 통일 운동이었다. 통일 운동은 당시 사람들의 관심을 많이 모았다. 분단 국가였을 뿐만 아니라 다른 지역에 비해 단일 민족성이 강한, 그래서 하나의 국가로 장기간 유지해온 나라에서는 그야말로 통일에 대한 관심, 통일이 돼야 한다는 희구 같은 것이 굉장히 강할 수밖에 없었다. 그래서 6월항쟁 다음 해인 1988년부터 통일 운동이 아주 강렬하게 일어나듯이, 자유만 주어지면 한국에서는 통일 운동이 일어나게 돼 있었다.

그렇지만 1960년 4월 26일 이승만 정권이 붕괴한 직후에 바로 일어난 건 아니고, 시간이 조금 지나고 나서 일어났다. 맨 처음에는 일본의 김삼규, 미국에 있던 김용중 같은 사람들이 주장한 중립화 통일론에 대한 글이 국내에 소개되면서 그 영향을 많이 받았다. 여기에 불을 붙인 것이 미국 상원 의원 마이크 맨스필드였다. 존 F. 케네디 정권이 출범할 때 중요 직책을 맡게 되는 인물인데, 이 사람이 '한국은 오스트리아식 중립화 통일을 해야 한다'고 발언한 것이 불을 질렀다. 9월 이후 대학가를 시작으로 통일 운동과 관련된 논의가 활발하게 이뤄진다.

4월혁명 후 불어온
통일 운동 바람

── 이 시기에 대학생들은 어떤 주장을 폈나.

9월 이후 학생 시국 토론회 같은 것이 고려대, 서울대 법대 등 몇 군데에서 관심을 모으면서 진행된다. 특히 서울대 민족통일연맹, 이게 유명한 민통련인데 이 민통련 발기 모임(11월 1일)에서 주장한 통일 방안은 장면 정권이나 당시 사회에 아주 큰 충격을 던져줬다. 이들은 대정부 및 사회 건의문에서 '기성세대는 분단의 책임을 통감하라. 통일에 대한 젊은 세대의 정당한 발언을 묵살하거나 억압할 자격이 없다'고 주장했다. 그러면서 '장면 정부는 적극 외교로 전환해 미국과 소련을 특별 방문하고 미국과 소련의 지도자들하고 회담하라'고까지 요구했다.

소련 지도자를 만나라고 한 것, 이건 극우 반공 세력이 볼 때는 기절초풍할 만한, 절대로 있어서는 안 되는 주장이었다. 그래서 다음 날인 11월 2일 장면 총리는 '유엔 감시 아래 총선거만 있을 뿐이다', 이렇게 선을 그었고 현석호 내무부 장관은 국가보안법을 고치는 문제를 강하게 생각하고 있다는 식으로 나왔다. 미국에서도 예민한 반응을 보였다. 그러면서 이날 열린 야간 국회에서는 '대한민국 헌법 절차에 의해서 유엔 감시 하에 인구 비례에 따라 자유 선거를 한다'는 결의안을 통과시켰다. 이건 북진 통일론을 그런 식으로 표현한 것이라고도 볼 수 있는데, 이처럼 옛날로 되돌아가는 것 같은 결의안까지 통과시키고 그랬다.

—— 통일 문제에 관심을 가진 건 대학생들만이 아니었다. 기존 혁신 세력은 이 문제에 어떤 태도를 취했나.

1960년 말에서 1961년 초에 혁신계가 재편된다. 이 무렵 민족 자주통일협의회, 이걸 민자통이라고 부르는데 민자통 결성 움직임이 구체적으로 전개되고 기성 혁신계를 중심으로 한 통일 운동이 전개된다. 민자통 결성 움직임은 1960년 12월경부터 전개되는데, 1961년 1월에 가면 통일 선언서를 발표하고 2월에는 민주, 자주, 평화를 모토로 한 민자통을 발족하게 된다. 여기에는 주요 혁신 정당, 사회 단체가 가담했다.

민자통의 경우 자주라는 것을 어떻게 설명하느냐 하는 것이 반공 세력이나 중도 우파 세력한테는 논란이 될 수 있었다. 아울러 민자통에 가입한 사회당이 남북 협상에 의한 자주적 통일을 주장했는데, 이건 반공 세력한테 크게 신경 쓰이는 주장이었다. 그렇게 되자 유명 인사들이 집결해 있던 통일사회당 쪽에서는 '그건 안 된다. 그렇게 하면 큰일 난다. 쿠데타 같은 것도 일어날 수 있다'고 하면서 중립화조국통일총연맹이라는 것을 만들었다. 민자통과 대립되는 중통련이라고도 불리는데 '김일성 정권은 외세 추종 세력이다. 그러니까 김일성 정권의 퇴진을 조건으로 중립화 통일을 해야 한다', 이렇게 주장했다. 어떤 면에서는 극우 반공 세력이 긴장하는 것에 대해 '우리 통일사회당은 좀 다르다', 이런 면을 보여주려고 했던 것이다.

민족 자주를 고민하던 학생들을
분노케 한 한미경제협정

—— 분단 해소 방안을 고민하기 시작하면 피해 갈 수 없는 것이 미
국 문제다. 이 시기엔 어떠했나.

1961년으로 넘어가면 반미 자주화 운동이라는 것이 일어나게
된다. 광주항쟁 이후 1980년대 운동이 민주화 운동과 반미 자주화
운동, 이 양대 운동으로 전개된다는 이야기를 하지 않나. 그것의 선
배 격이라고 할 수 있는 것이 4월혁명 후 이 시기에 일어나는 것을
볼 수 있다.

대학생들은 이 시기에 신생활 운동 같은 것을 벌이고 국민 계
몽대 같은 것도 만들었다. 여기서 초점은 '양담배, 외래 밀수품을
배격하자', 이것이었다. 요즘 대학생들이 들으면 기절초풍하겠지만
커피도 마시지 말자고 했다.[*] 이에 더해 '기름도 아껴 쓰자. 기름 한
방울 한 방울이 다 수입하는 것 아니냐', 이런 주장도 했다. 그랬던
시기가 지금으로부터 불과 50여 년 전에 있었다.

사실 이 신생활 운동은 아주 소박한 운동이었다. 그런데 이런
것을 학생들이 급진적 민족 자주 운동과 연결한 것이다. 거기에서
크게 문제가 됐던 것 중 하나가 미군 PX를 통한 미제 물품의 범람
이었다. 그 당시로는 엄청난 돈인 7,000만~8,000만 달러 내지 1억
달러 정도가 미군 PX 연간 매상고였는데 그 가운데 60~70퍼센트

---

[*] 경제 자립을 위해 사치를 배격해야 한다는 신생활 운동을 펼친 학생들은 "커피 한 잔에
피 한 잔", "오늘의 커피는 내일의 독배"라며 커피 과소비가 문제라는 주장을 폈다.

가 제대로 된 수입 절차나 과세 없이 국내 시장에 유출되면서 문제가 됐다. 미군을 비롯한 미국인이 이용하게 돼 있던 외국인 전용 백화점이라고 볼 수 있는 시설인데도 그런 식으로 대량 유출된 점도 지적받았지만, 그걸 특권층이 주로 사용했다는 게 또 논란이 됐다. 학생들은 국내 시장에 이런 것들이 많이 유출되는 것도 문제이고 양담배, 커피, 양주 같은 것들이 나도는 것도 문제라고 비판하고 나섰다.

그와 동시에 이 시기에는 한국의 주권이 제약되는 측면이 적잖게 있지 않았나. 한국인을 사살하거나 횡포를 부린 미군을 한국의 법률로 제대로 처리하지 못하는 것도 문제로 많이 등장했지만 그것 이외에도 일종의 조계지 비슷한 것도 문제가 됐다. 당시 미군 주둔지 외에도 조계지 비슷한 것들이 있었다. 예컨대 인천항의 제1도크와 부산항의 제3부두는 휴전 협정을 체결한 지 만 8년이 돼가는데도 여전히 미군 전용 또는 한미 공동 사용 항구로 돼 있었는데, 임대료는 고사하고 한국 정부의 행정권, 사법권이 미치지 못하는 특수 지대였다. 사실 인천항은 이 시기까지 한국인한테는 폐항閉港이나 다름없었고 주로 미군이 관리했다. 그리고 여의도공항, 김포공항, 부산공항 같은 것들도 관할권이 한국 정부에 인계됐다고는 하지만 한국 정부의 영향력은 미미했다. 김포공항의 경우 실질적으로 미국 공군이 항공기 이착륙을 비롯한 여러 가지를 장악하고 있었다. 아울러 미군 부대에서 일하는 한국인 노동자가 한국 노동법을 적용받지 못한다는 것도 지적받고 그랬다.●

● 오늘날 여의도는 의회 정치와 금융 산업의 중심지이지만, 1960년대까지는 그와 거리가 멀었다. 일제가 비행장을 건설한 1910년대 이래 많은 사람은 여의도 하면 비행기 또는 공항을 떠올렸다. 1970년대 들어 비행장 역할을 마감하고 국회 의사당, 증권 거래소 등이 이전하면서 여의도는 오늘날과 같은 모습으로 바뀌기 시작한다.

— 1961년 2월 8일 한미경제협정 체결을 계기로 미국을 비판하는 목소리가 본격적으로 터져 나온다. 당시 진보 세력은 이 협정의 어떤 부분을 문제 삼은 것인가.

자주성 문제에 불을 확 질러버린 게 바로 한미경제협정이었다. 이 한미경제협정에 대해서는 보수 세력과 진보 세력의 의견이 크게 엇갈렸다. 보수 세력은 이게 1950년대에 있었던 것하고 별로 차이가 나지 않는다고 주장했다. 진보 세력, 특히 학생들은 이건 주권 국가 간 협정이라기보다 미국 측의 일방적인 통고라며 반발했다. 이들은 이 협정으로 한국 경제에 대한 미국의 감독권이 강화됐고, 미국의 원조 사업에 고용된 사람들에 대한 특혜 조치가 확대됐으며, 한국 정부의 편무적 의무 조항이 많다는 것 등 여러 가지를 지적했다.[••]

그러면서 이미 체결된 한미경제협정을 반대하는 운동이 벌어졌다. 통일사회당까지 포함된 기성세대 혁신계에서는 다른 사항과 달리 미국 문제에 대해서는 상당히 신중하게 대처해야 한다고 봤기 때문에, 이 협정을 비판하더라도 아주 조심스럽게 했다. 이와 달리 학생들은 강렬하게 이 운동에 나섰다. 이 협정이 구시대의 침략적 제 조약이나 을사조약보다 더 가혹한 편무적 불평등 조약이며, 경제적 예속과 내정 간섭을 강요하고 무제한한 치외법권과 조차지 인정으로 통치권을 유린한다고 비판하면서 미국을 비난했다. 2·8협

[••] 미국 경제 고문이 요청하면 예산, 재정 등 한국 경제 상황에 관한 자료를 제공하고, 원조 사업과 관련된 미국인 회사원과 기술자 등에게 외교관적 지위를 부여하며, 원조 사업과 관련해 도입되는 물자에 대해서는 한국의 세법을 비롯한 법률의 구속을 받지 않는다는 것이 이 협정의 주요 내용이었다.

정이 예속적이고 식민지적인 불평등 협정이라고 학생들은 주장한 것이다. 이렇게 학생들은 2·8협정 반대 투쟁에서 민족 해방론적인 주장을 전개하면서, 한 민족이 다른 민족을 억압하는 것은 있을 수 없으며 제국주의를 반대한다고 강렬하게 천명했다.

잦아들던 시위를 되살리고 혁신계를 강화한
2대 악법 반대 투쟁

— 미국이라는 존재를 지금보다 훨씬 더 성역에 가까운 것으로 여기던 시기다. 그러한 시기에 터져 나온 미국 비판 목소리는 어느 정도 호응을 얻었나.

이러한 반대 투쟁에서 일부 학생들이 반미 자주 노선 같은 것을 강렬하게 폈지만, 그건 소수에 그쳤다. 호응이 그렇게 크지는 않았다.

그런데 혁신 세력이 힘을 키우는 데는 2대 악법으로 불린 두 법을 장면 정권이 만들려 한 것이 큰 역할을 했다. 학생들과 진보 세력이 통일 운동, 2·8협정 반대 투쟁 등을 통해 새로운 주장을 하니까 장면 정부는 반공임시특별법을 만들어야겠다는 태도를 표명했다. 그 시안을 3월 10일 발표하는데, 이게 5·16쿠데타 이후 악명 높은 반공법으로 정착되는 것이다. 이에 더해 데모 규제법으로 불린 법도 만들겠다고 나왔다. 사실 데모는 1960년 7~8월까지는 많았지만 그 뒤에는 크게 약화됐다. 1961년에 들어오면 데모가 거의 없어지고 2·8협정 반대 데모 정도가 있었는데, 그것도 별로 호응이

1961년 3월 22일 서울시청 앞에서 열린 반민주 악법 철폐를 위한 투쟁 위원회의 성토대회. 2대 악법 반대 성토대회 집회가 끝난 후 횃불을 든 청년들이 시가행진을 한 것 때문에 사회에 끼친 영향은 대단히 컸다. 사진 출처: 국가기록원

없었기 때문에 그렇게 크게 일어나지는 않았다. 그런데 3월 초순에 정부에서 데모 규제법과 반공임시특별법을 만들겠다고 하자 이것에 대한 반대 데모 때문에 데모가 다시 살아나고 그러면서 혁신계가 더 강한 힘을 발휘하는 역설적인 현상이 일어난다.

2대 악법 반대 투쟁은 3월 18일 대구에서 시작되는데, 3월 21일에 시위가 더 큰 규모로 일어난다.° 3월 22일에는 서울시청 앞 광장에서 반공법과 데모 규제법을 반대하는 성토대회가 열렸다. 여기에 모인 시민 숫자는 대구에 비해 적었다. 서울과 경기도는 원래

° 3월 18일에는 약 1만 명, 21일에는 약 1만 5,000명이 참가했다.

4월혁명 1주년을 맞이해 서울대 학생들이 "민족 자주 통일"이라고 적힌 현수막을 들고 침묵시위를 벌이고 있다.

혁신계가 약한 데 아니었나. 그렇지만 서울에서 열렸던 것이고, 2대 악법 반대 성토대회 집회가 끝난 후 횃불을 든 청년들이 시가행진을 한 것 때문에 사회에 끼친 영향은 대단히 컸다. 3·22 시위 이후 2대 악법 반대 규탄 데모가 대구를 중심으로 크게 일어나고 부산, 마산 등지로 퍼져 나가서 4월 초까지 꽤 큰 시위가 벌어지는 것을 볼 수 있다. 그런 속에서 혁신계가 상당한 힘을 얻었다고 이야기한다.

── 2대 악법 반대 투쟁을 거치며 혁신계가 힘을 얻은 1961년 4월은 4월혁명이 일어난 지 1년이 되던 때였다. 4월혁명 1주년은 혁신계뿐만 아니라 당시 여러 세력에게 의미심장하게 다가갔으리라는 생각이 든다. 분위기가 어떠했나.

4월이 되면 통일 문제가 새로 대두하는데 '4·19 1주년을 어떻게 맞을 것인가. 학생들이 어떻게 나올 것인가', 이것이 사회의 관심사였다. 그런데 학생들은 이때 굉장히 신중을 기했다. 쿠데타를 일으키려는 군인들이 '거리에 나가라'고 학생들을 부추기는 속에서, 학생들은 '이거 위기가 오는 것 아니냐'는 생각을 했고 여러 상황을 볼 때 신중하게 대처해야 한다고 판단했다. 그래서 4·19 1주년에 서울대 문리대 같은 데서도 침묵시위 정도만 했고 전국이 그야말로 조용했다. 쿠데타를 일으키려는 자들이 이날을 계기로 뭔가 해보려고 음모를 꾸몄지만, 아무 일도 할 수가 없었다.

다만 4·19 1주년을 맞아 서울대 학생들은 4·19 제2선언문이라는 성명서를 발표했다. 서울대 학생회에서 발표했는데, 여기서 학생들은 이승만적 반민족 체제가 모습만 달리해서 지금 지속되고 있는 것 아니냐고 지적했다. 그러면서 1960년 3, 4월 항쟁을 계속 발전시키기 위해 반봉건·반외압세력·반매판자본이라는 3반 운동을 일으켜 민족 혁명을 이룩해야 한다고 선언했는데, 이게 사회의 주목을 받았다. 여기서 반외압세력이라고 한 건 반제국주의를 조심스럽게 표현했다고도 볼 수 있다.

또한 4·19 1주년을 맞으면서 통일 운동이 관심을 끌게 됐는데 그건 뜻밖에도 유엔의 한국 문제 결의안과 관련돼 있었다.

"가자 북으로! 오라 남으로!"

── 당시 유엔은 어떤 결의를 했나.

유엔 주재 미국 대사 애들레이 스티븐슨, 이 사람이 아시아, 아프리카 등 제3세계의 도전에 직면해 1961년 4월에 고육책으로 들고나온 것이 '북한이 유엔의 자격과 권한을 인정하면 북한 대표를 유엔에 참석토록 초청하자'는 폭탄적 제의였다. 조건부 남북 동시 초청안을 제기한 것인데, 이건 두 개의 한국을 인정한 것이었다. 그때까지 미국은, 물론 5·10선거가 치러진 지역에서 유일한 합법 정부였지만, 대한민국이 유일한 합법 정부라고 했다. 그런데 이제 유엔에서 한국 문제를 토의하는데 이와 같은 안을 제기했고, 4월 12일 그게 통과됐다. 물론 반대편에서 내놓은 것은 통과되지 않았다. 이 일은 한국 사회와 장면 정부에 큰 영향을 끼쳤다. 또 혁신계에도 영향을 줬다. 심지어 민주당 구파가 모인 야당인 신민당, 그리고 일부 소장 세력은 이런 제안을 상당히 중시하고 적극적으로 해석하려는 노력도 하고 그랬다.

그런 속에서 5월을 맞이하는데, 5월 3일 서울대 민통련에서 사회에 아주 큰 풍파를 일으키는 결의를 한다. 서울대 민통련은 남북한 학생들이 힘을 모으자, 남북 문화 교류를 하자고 주장하면서 구체적으로는 남북한 학생 회담을 열고 학생 기자 교류, 학술 토론회, 모든 예술·학문·창작의 교류, 학생 친선 체육 대회 같은 것을 빠른 시일 내에 하자는 결의문을 발표했다.

이런 주장이 과거 학생 운동에서 없었던 건 전혀 아니지만 이

인도네시아가 유엔에 남북한을 동시에 초청하자는 안을 제기하자, 유엔 주재 미국 대사는 그에 대응해 조건부 남북 동시 초청안을 제시했다. 북한이 이를 받아들이지 않을 것이라는 판단에 따른 제안이었지만, 미국의 이런 태도는 한국 정부를 놀라게 하기에 충분했다. 스티븐슨안이 통과된 직후 '유엔 결의를 전폭 지지한다'고 밝혔던 장면 총리는 며칠 후 "용공적인 통일이라면 차라리 남북한의 분단 상태를 이대로 두는 편이 낫다"며 불편한 속내를 드러냈다. 한편 미국 측 예상대로 북한은 조건부 동시 초청안을 거부했다.

"가자 북으로! 오라 남으로!", "이 땅이 뉘 땅인데 오도 가도 못 하느냐"라는 글귀가 적힌 현수막을 들고 남북한 학생 회담을 열자고 주장하고 있는 시위대.

때는 그 규모나 분위기가 달랐다고 볼 수 있다. 5월 3일 서울대 민통련에서 결의하자 5월 5일에는 19개 대학이 참여한 민족통일전국학생연맹 결성 준비 대회에서 이를 지지하는 결의문을 발표했다. 이 대회 참가자들은 '5·3 학생 회담 제의를 적극 지지한다. 학생 회담 장소는 판문점으로 하자. 북한 학생과 당국도 적극 호응하라. 우리 정부는 학생 회담에 임하는 이들에게 모든 편의를 제공하라', 이렇게 나왔다. 이날 발표된 공동 선언문에서는 '광대한 아시아, 아프리카, 중남미 인민들의 민족 해방 투쟁'을 지원하는 입장을 펴면서 민족 해방론적인 논지를 전개했다.

── 이 시기를 상징하는 구호로 "가자 북으로! 오라 남으로!", "이 땅이 뉘 땅인데 오도 가도 못 하느냐" 등을 꼽을 수 있다. 이러한 분위기가 만들어진 것은 당시 국제 사회의 변화와 무관치 않아 보인다.

1960년을 전후해 스티븐슨안案 같은 고육책이 나올 수밖에 없었던 이유이기도 한데, 1960년 한 해에만 아프리카의 16개 나라가 새로 유엔에 가입했다. 프랑스의 샤를 드골 대통령은 1960년 한 해에 프랑스 지배 아래에 있던 서아프리카 10여 국가의 독립을 인정했다. 그에 앞서 1957년에는 콰메 은크루마가 이끄는 가나가 영국으로부터 독립했다. 그러면서 유엔에 가입했던 99개 나라 가운데 아시아, 아프리카에 속한 나라가 46개나 됐다. 소련권도 10개 나라나 됐다. 특히 쿠바에서는 이미 1959년 1월 피델 카스트로를 중심으로 한 혁명 세력이 수도인 아바나에 입성했고, 알제리 민족 해방 투쟁도 굉장히 큰 규모로 전개됐고 콩고, 라오스 같은 데서 전개된 반제 투쟁도 학생들한테 강한 영향을 끼쳤다.●

그렇지만 5월 3일 민통련의 주장이 나오자 이를 우려하는 목소리가 사회에서 적잖게 나왔다. 그러자 학생들 사이에서 '우리가 너무 나간 것 아닌가' 하는 생각으로 이를 수습하려는 모습도 나타났다. 그런 속에서 민자통이 5월 13일 서울운동장에서 남북 학생 회담을 환영하며 민족 통일을 이룩하자는 큰 규모의 궐기 대회를 주최한다. 통일사회당을 제외한 주요 혁신 정당 그리고 학생 운동

● 오랫동안 유럽 제국주의 국가들의 지배를 받았던 아프리카 곳곳에서 1950년대 들어 민족 해방 운동이 전개됐다. 그러면서 하나둘씩 독립국이 탄생했는데, 특히 1960년에는 무려 17개 국가가 독립했다. 이 때문에 1960년은 '아프리카의 해'로 불린다.

세력이 많이 참여했는데, 여기 모인 인원은 자료마다 크게 차이가 나지만 약 3만 명이 모였다고 하는 게 맞을 것이다. 서울에서 있었던 집회로는 보기 드물게 큰 집회였다. 이 집회를 마치고 종로 일대에서 중앙청 앞까지 시위도 벌였다. 그러고 나서 3일 후에 쿠데타가 일어나게 된다.

이승만은 쫓겨나고 통일 운동은 일어나고, 위기감 느낀 극우 반공 세력

— 4월혁명기 통일 운동을 '분단 해소를 위한 적극적 노력'으로 평가하는 이들도 있지만 '지나치게 성급했던 것 아닌가. 극우 반공 세력의 경계심을 키워 쿠데타를 부른 것 아니냐'고 보는 시각도 있다. 어떻게 보나.

통일 운동, 2대 악법 반대 투쟁이 혁신 세력과 진보적 청년 학생 세력을 강화하는 데 큰 역할을 한 것을 지금까지 살펴봤는데, 그건 반대로 이야기하면 그만큼 극우 반공 세력이 크게 동요하고 경계하고 있었음을 뜻한다. 5·16쿠데타 세력의 경우 통일 운동 등이 일어나기 훨씬 전에 이미, 즉 장면 정부 출범 직후부터 쿠데타를 일으켜 정권을 탈취하려고 했다. 그러니까 통일 운동이 일어난 건 거기에 구실을 더 주는 정도였다고 할 수 있지만, 극우는 물론이고 일반 반공 세력의 경우 이미 1960년 11월을 전후한 때부터 상당히 동요하는 걸 볼 수 있다. 장준하를 중심으로 한 《사상계》 주도 세력이나, 4월혁명을 환영했던 일부 개신교 세력도 그런 동요를 보였다.

이 시기에 극우 반공 세력이 크게 동요할 수밖에 없었던 것은 극우 반공 세력의 중심이라고 볼 수 있는 이승만·자유당 권력이 무너졌을 뿐만 아니라, 혁명 입법 같은 것을 통해 3·15 부정 선거 원흉들을 처단하고 발포한 자들도 처단하고 그와 동시에 반민주주의 세력, 이승만·자유당 세력을 제재하는 활동이 전개됐기 때문이다. 그런 활동이 언론의 강력한 지지를 받으면서 활발하게 이뤄지지 않나. 그것도 극우 반공 세력을 전반적으로 크게 위축시키고 약화시켰다. 바로 지도적 위치에 있었던 극우 반공 세력 중 상당수가 그러한 처벌 대상에 해당하는 사람들 아니었나. 특히 경찰 쪽은 장면 정부가 대대적으로 숙청했다. 그중에서도 정보 사찰 업무를 맡은 사찰계 쪽을 더 많이 숙청했다. 분위기가 이러했기 때문에 극우 반공 세력은 자기들이 공격받고 약화되고 있다는 것을 피부로 느끼고 있었다.

이들의 주도층은 다수가 친일파라고 볼 수 있는데 이 세력들은 한말, 일제 시기에도 도덕적·정신적으로 굉장히 취약했다. 해방 후에도 그런 면에서 대단히 취약했기 때문에 단정 운동 세력의 중심이 된 것 아니냐는 이야기를 많이 듣고 있지 않나. 이승만 정권 시기에는 극우 반공 체제에 의해 이들의 기득권, 사회적인 주도권 등이 유지됐다. 물론 이건 미국이 절대적인 지원과 지지를 했기 때문에 가능했던 일이다. 그런데 그러한 극우 반공 체제가 4월혁명으로 크게 약화된 것에 더해 자기들이 그렇게 두려워하던 통일 운동이 일어나고 일부에서는 남북 협상론까지 이야기하니까 이 세력들이 위기감을 느낄 수 있었다. 이런 것과 통일 운동을 어떻게 연관시켜서 평가할 것인가 하는 점을 여러 측면에서 생각할 필요가 있다.

— 이 시기 혁신계는 대체로 장면 정부를 강도 높게 비판했다. '당연히 해야 할 이야기를 했다'고 보는 쪽과 '그렇잖아도 약체 정부인데 너무 몰아세운 것 아니냐'고 여기는 쪽으로 의견이 갈릴 법한 사안이다. 어떻게 평가하는지 궁금하다.

진보 세력들, 혁신계 정당과 통일 운동 단체 등은 장면 정부를 아주 비판적으로 봤고 야당인 신민당과 함께 장면 정부를 계속 공격하면서 때로는, 도각倒閣 운동이라고 했는데 '장면 정권 물러가라'는 주장까지 했다. 이 부분에 대한 평가도 다각도로 해봐야 한다.

우선 장면 민주당 정부가 무너지면 상황이 어떻게 될 것인가를 생각해볼 필요가 있었다는 점에서 그렇다. 물론 선거에 의해 정권이 바뀌는 건 너무나도 당연한 현상이다. 그렇지만 쿠데타 같은 것으로 무너지면 어떻게 되겠나. 그 경우 민주주의에서 가장 중요한 언론, 출판, 집회, 결사와 같은 기본적 자유가 제약받게 될 뿐만 아니라 혁신계가 어떻게 되겠느냐, 진보 세력이 얼마나 큰 타격을 입겠는가 하는 것을 통일사회당을 비롯한 일부에서는 분명 염려했다. 그리고 장면 정부는 오랜만에 극심한 부정 선거가 아닌 자유 총선을 거쳐 탄생한 자유민주주의 정부였다는 점에서 이 정부가 일정하게 지탱할 수는 있도록 해줘야 한다는 점을 너무 적게 생각한 것 아니냐는 점도 염두에 둬야 할 것 같다.

한국전쟁 이후 반공 체제는 체질화·내면화되면서 굳건한 힘을 갖게 됐다. 이것에 대해서는 장기적 전망을 세워 인내심을 갖고 여러 가지를 신중하게 고려하면서 정책을 제시하고 운동을 펼쳤어야 하는데, 실제로 그러했나 하는 부분을 생각할 필요가 있다. 통일 운동에서도 강한 주장만을 하기보다는, 강한 주장과 신중한 주장을 어떤 식으로 융합할 것인가 하는 문제도 많이 생각하면서 운동을 전개하는 것을 고려했어야 하는데 그런 생각을 충분히 했느냐 하는 점도 논란의 대상이 된다.

1960년 가을에서 1961년 5월까지의 상황을 보면 학생을 포함한 진보 세력이 통일사회당을 중심으로 온건 노선을 걷는 쪽과 그보다 급진적이던 사회당, 민족민주청년동맹(민민청), 그리고 사회당과 연결돼 있던 청년 단체인 통일민주청년동맹(통민청)으로 재편돼가는 과정이었다. 통일사회당 쪽은 당시 유명한 사람이 많아 영향력이 제일 컸고 사회당 등은 급진적 학생들과 연결돼 있었다. 5·16 쿠데타가 없었더라면, 혁신 세력 또는 진보 세력도 크게 이 두 세력으로 나뉘어 보수 세력들과 경합하는 속에서 민주주의를 발전시키고 통일 문제, 경제 자립화 문제 등을 논의하고 구체화하는 활동을 펼칠 수 있었을 것이다. 그런데 그 모든 것이 5·16 군부 쿠데타에 의해 침묵하게 되고 좌절된다. 5·16쿠데타 세력은 진보 세력을 철저하게 탄압했다. 특히 온건한 반공 노선을 폈던 통일사회당 사람들이 아주 심하게 당했다. 명망가들이어서 형량도 제일 많이 받았고 되게 당한다.

진보 세력, 운동과 정치를 구별하고 정치적 판단을 중시해야

—— 분단 문제를 풀기 위한 진보 세력의 움직임을 미국은 어떻게 봤나.

미국은 장면 정부 출범 후 얼마 지나지 않은 때부터 '한국이 어떻게 가는 것인가' 하는 것을 우려 섞인 시선으로 예의 주시했다. 혁신계, 진보 세력의 통일 운동에 대해 신경을 날카롭게 곤두세웠다. 기본적으로 미국은 소련과 중국에 대한 전략적 사고의 일환으로서만 한국을 중시했을 뿐, 민주주의라든가 통일 같은 것은 별로 안중에 두지 않았다.

4월혁명 직후, 그러니까 1960년 4월 26일 이승만이 물러났을 때 미국은 어떻게 보면 엉겁결에 문민 체제를 승인해서 허정 과도 정부, 장면 정권이 출범하는 것까지는 인정하지 않을 수가 없었다고 볼 수 있다. 그렇지만 미국은 한국을, 소련과 중국을 막아내는 극동의 최첨단 보루로 생각했을 뿐이고 일본을 지키는 데 필수적인 지역으로만 판단했다. 그렇기 때문에 혁신계, 진보 세력의 움직임에 대해 '이건 용납할 수 없다'는 생각을 강하게 가지고 있었다.

── 4월혁명기 혁신계의 움직임은 1950년대 진보당의 활동과 더불어, 오늘날 진보 세력이 비판적으로 이어받아야 할 소중한 자산이다. 그간 진보당과 4월혁명기 진보 세력에 대해 살폈는데, 오늘날 진보 정당을 고민하는 이들에게 당부하고 싶은 사항이 있을 것 같다.

5·16쿠데타가 일어나고 26년이 지나 6월항쟁이 일어나는데, 6월항쟁 후 민중당을 비롯한 여러 진보적 정당 운동이 나타난다. 선거법이 바뀌어 정당 명부제가 도입된 2004년에는 민주노동당이 국회에서 10석을 확보하는 놀라운 성과를 거두기도 했다.

그렇지만 1980년대 운동권 분위기에서 자란 진보 세력이 운동과 정치 현실, 이 양자를 충분히 분리하지 못하는 면도 보였다. 그러면서 2014년에는 진보 정당의 중요한 한 부분이 헌법재판소의 문제가 심각한 판단에 의해 불법화되는 일이 일어났다.

한국 전체의 민주주의를 발전시키는 데 진보 세력의 역할은 대단히 중요하다. 여기서 민주주의는 민주주의 경제를 당연히 포함해야 하는 것이다. 그렇게 중요한 진보 세력이 약화되는 건 결국 국민 전체의 힘의 약화, 민주주의와 민주적 경제의 약화를 동시에 수반한다.

그러니까 진보 정당은 자기 세력의 강화 자체에만 중점을 둬서는 안 된다. 전체적인 시야에서, 우리의 움직임 하나하나가 한국 민주주의 그리고 국민적 힘과 연결돼 있다는 면을 중시해야 한다. 그래서 이제는 운동과 정치를 명확하게 구별하면서 정치적인 판단을 중시할 필요가 있다. 그런 부분과 관련해 진보 세력은 조봉암과 진보당의 활동, 4월혁명 직후 있었던 진보적 청년 학생들의 활동을 다시 한 번 돌아볼 필요가 있다.

박정희 주장대로
4월혁명 시기는 혼란기였나

장면 정권과 5·16쿠데타, 세 번째 마당

김 덕 련 4월혁명은 그 의의와 별개로, 대안 세력을 키우지 못했을 때 생기는 문제점을 그대로 드러낸 게 아닌가 하는 생각이 든다.

서 중 석 이 문제는 다른 문제보다 논의가 많이 됐다. 대안 세력 부재라는 문제가 제일 많이 논의됐다. 1960년대, 1980년대 또는 1990년대에도 '4월혁명이 미완의 혁명이 되고 제대로 혁명 과업을 수행하지 못한 건 대안 세력이 없었기 때문이다. 야당이 자유당과 별 차이가 없었기 때문에, 집권하고도 국민이 4월혁명에 건 기대에 부응하지 못했다', 이런 평가를 많이 했다. 그런데 그 가운데 조금 더 분명히 해야 할 대목도 있다.

── 어떤 대목이 그러한가.

우선 유럽에서 68혁명이 굉장히 중요한 역사적 의미를 갖지 않나. 그렇지만 68세대가 정치 이념을 구체화하고, 녹색당을 비롯한 진보 정당을 만들어 자신들의 꿈을 현실에서 부분적으로라도 실현하는 건 수십 년이 지나서다.[•] 학생들이 혁명에서 중요한 역할을 했다고 해서 학생이 바로 집권하는 경우는 다른 데서도 그렇게 많지 않았던 것 같다. 그 점을 생각해볼 수 있다.

무엇보다도 사실 4·19 그날 지도부가 있었다고 봐야 하느냐를 짚어볼 필요가 있다. 서울시청 옆에 있던 국회 의사당까지 진출하는 데 앞장선 학생이 있었던 건 틀림없지만, 그걸 한 단계 더 높일

● 전 세계 녹색당 중 가장 성공적인 사례로 꼽히는 독일 녹색당이 연방 의회에 처음으로 진출한 건 1983년, 사민당과 연정을 구성해 연방 정부 운영에 참여한 건 1998년이다.

4월혁명 당시 고려대 학생들이 국회 의사당
앞에 모여 시위를 하고 있는 모습. 당시 혁명을
한 단계 더 높일 학생 지도부는 없는 상태였다.
사진 출처: 4·19혁명기념도서관

세 번째 마당

수 있는 지도부가 있었나? 대학생이기 때문에 없었던 것이 아니라, 그런 지도부가 생길 만큼 1950년대가 그렇게 돼 있던 시대가 아니었다. 학생들이 자유롭게 움직일 수 있던 시대가 아니고 관제 데모만 성한 시대였다. 그래서 새로운 시대를 열 수 있는 지평과 조직력을 학생들 내부에 쌓고 갖춘다는 건 쉽지 않았다. 또 초·중·고등학생은 초·중·고등학생이기 때문에 그런 역할을 할 수 없었다. 갑자기 4·19에 참여한 면도 있기 때문에 그런 점도 있다.

1960년 4월 26일 이승만 사임 발표 이후 일부 대학생이 도로 청소, 교통정리 같은 활동에 나서는 것을 볼 수 있다. 부상자 치료비를 마련하기 위한 활동도 있었다. 이것들은 어디까지나 부차적인 활동이다. 신생활 운동이라든가 국민 계몽 운동 같은 것도 비슷하게 평가할 수 있다. 학생들 사이에 새로운 움직임이 일어나는 건 8월 방학이 끝나고 개학하면서다. 그즈음 통일 문제 같은 것을 중심으로 새로운 움직임이 일어난다. 그러나 과연 그 수가 얼마만큼 되느냐 하는 것도 논란이 있다.

대안 세력 부재…
혁명의 과실은 시위 방관하던 민주당 품으로

— 조직 역량을 갖춘 중심 세력이 없었던 것은 이승만 하야 후 어떤 사회를 건설할 것인가, 그리고 4월혁명에 적극 나서지 않은 농민을 어떻게 설득해 도시 혁명의 한계를 넘어설 것인가 하는 문제에 대한 준비가 충분하지 않았던 것과 이어져 있다. 이승만 세력과 질적으로 별 차이가 없는 민주당이 혁명의 과실

을 대부분 차지하게 되는 것도 그 때문 아닌가.

　민주당 정권이 얼마만큼 4월혁명 정신을 이어받아 수행할 능력을 갖추고 있었느냐. 이승만 정권이 조기 선거를 강행한 탓에, 민주당은 조병옥 후보가 사망한 후 그에 이어 대통령 후보를 낼 수가 없었다. 장면 부통령 후보가 각지에서 연설할 때마다 그렇게 심한 탄압을 받았는데도 이것에 대해 민주당 구파는 그다지 적극적인 태도를 보이지 않았다. 4월혁명 과정에서 민주당 지도부가 시위에 나선 건 4월 6일, 딱 한 번이었다.

　3월 15일 제1차 마산의거를 처음에 이끈 건 민주당 당원들이다. 그날 광주 등 일부 지방에서도 마찬가지였다. 그러나 이건 지방 당원들이다. 지방당원들은 4·26 '승리의 화요일'이 있기까지 여러 지역에서 수십 명씩 모여 과감히 시위를 벌였다. 중요하게 평가받을 만하지만, 아주 외롭고 힘든 싸움이었다. 하지만 중앙당 간부들은 4월 6일 장면을 포함해 딱 한 번 시위를 했는데 이 시위에도 적극적으로 임했다고 볼 수 없다. 자신들이 정한 구역만 약간 돌고 끝냈다. 그러나 이것도 중요한 의미를 갖는 것이, 이걸 기다리던 학생들이 있었기 때문이다. 주로 고등학생이었는데, 이 학생들이 여기에 적극 편승하면서 시위를 확대했다. 민주당 간부들이 앞장서서 적극적으로 했어야 하는 것이지만 실제로는 조심스레 하면서 일정한 범위 안에서 멈췄는데, 기다리던 학생들이 시위를 키운 것이다. 재미난 일이다.

　4·19에 시위가 그렇게 크게 일어났는데도 기자나 다른 사람들 중에서 민주당 간부들이 시위에 적극 참여하는 것을 본 사람이 없다고 한다. 어떤 사람이 '민주당 고위 간부 몇 명이 아주 걱정스럽

게 시위대를 보고 있었다'고 쓴 건 있다. '이거 해방 직후에 있었던 혼란, 좌파의 움직임 같은 게 또 일어나는 것 아니냐' 하는 민주당 인사들의 극우적 성향이 그런 식으로 발로된 것이다. '4·19 그날 하루에만 100명 넘게 죽는 엄청난 사태가 생겼는데도 민주당은 시위를 방관했을 뿐 아니라 그 후에도, 노력을 안 한 건 아니지만, 과연 제대로 된 해결책을 제시했느냐', 이런 얘기를 듣는다. 4월 25일과 26일 시위에도 물론 참여하지 않았다.

— 4월 19일 밤, 이승만 대통령은 주한 미국 대사에게 '장면과 민주당이 이 봉기의 선동자'라고 강변한다. 민주당으로서도 듣기 민망했을 거짓말이다. 민주당은 4월혁명을 선동하기는커녕 집권 후에도 혁명 과업 이행에 미온적인 모습을 보이지 않았나.

민주당 정권은 부정 선거 원흉이나 발포 책임자, 부정 축재자, 반민주 행위자를 처단하기 위한 특별법인 혁명 입법을 만드는 데 대단히 소극적이었다. 자기들과 가까웠던 자유당 인사들이 반민주 행위자로 처단되는 것을 좋아하는 사람도 있었겠지만, '이러면 안 되는데' 하는 생각을 한 사람도 적지 않았을 것이다. 민주당은 이 시기에 우유부단했다. 특히 참의원에서 이것을 아주 심하게 방해하는 행위가 있었고, 민의원도 적극적이었다고 보기가 어렵다.

'허정 과도 정부가 이승만 정권의 유복자라면 장면 정부는 쌍생아가 아니냐', 그런 얘기도 듣고 그랬다. 그렇다 하더라도 장면 정권이 여러 가지로 새로운 노력을 한 것 자체는 평가해줘야 한다고 본다. 다만 그 사람들은 큰 변화를 두려워했다. 반공적인 사고가 강했고, 그런 속에서 법치주의나 규범적 민주주의가 지켜지기를 바라는 정도에 머문 것이다. 과거를 철저히 청산하려고 한다든가 미래의 새 좌표를 설정해 밀고 나간다든가 하는 건 없이 경제 발전과 경제 건설을 전면에 적극 내세우는 수준에 머물렀다.

사실 우리나라 야당은 집권하기 전에도 '수권 정당으로서 능력이 있느냐', 이런 얘기를 들었다. 이승만 정권 시절이나 박정희 정권 시절에는 야당의 존립 자체가 그렇게 쉽지가 않았다. 탄압을 받았고 분열 공작에 항상 시달렸다. 그런 점도 있었지만, 정책이나 정보 같은 것을 정부가 독점해서 야당이 대안적인 정책을 구체적으로 제시하기가 쉽지 않았다. 그래서 예컨대 1950년대 민주당에 대해 '이건 하나의 당이라고 볼 수 없고 0.5당, 2분의 1당에 지나지 않는다'는 이야기도 나오고 그랬다. 그러니 대안 정당 되기가 아주 어려웠던 것이다. 그런 모든 것이 민주당 정권에 부담이라고 할까, 어려움으로 작용하게 된다.

탄압에 시달린 진보 세력,
혁명 후에도 힘을 쓰기가 어려웠다

── 대안 세력 부재 문제는 이승만 집권기에 학살과 '빨갱이 사냥'이 거듭된 것과 맞물려 있다. 극우 반공 성향이 아닌 진보적인 정치 세력이 존립하기 어려운 상황 아니었나.

진보 세력의 경우 진보당 탄압이 결정적인 계기였다. 진보당이 결성될 때도 지방당을 만들 때 얼마나 테러가 심했나. 당원들이 난자당하고 그러지 않았나. 전국 어디 한 군데에서도 행사를 제대로 열 수가 없었다. 더군다나 1958년 1월 조봉암 등에게 간첩죄를 뒤집어씌운 진보당 사태가 일어나고 이듬해 조봉암이 사형대에 올라가면서 혁신계는 평화 통일이란 말조차 꺼낼 수가 없었다.

1958년 5·2선거 때는 자유당과 민주당이 합작해 선거법을 고치면서 혁신계가 이 선거에 참여하는 걸 막으려고 했다. 이승만 정권이 진보당을 탄압한 직접적인 목표도 이 5·2선거에 참여하지 못하게 하기 위한 것이었다고들 얘기한다. 이 선거에는 진보당보다 진보적 색채가 훨씬 약했던 민주혁신당(서상일을 비롯한 진보당 이탈파가 중심이 돼 만든 정당)조차 아무도 후보를 내지 못했다. 5·2선거엔 혁신계가 전혀 참여할 수가 없었다.

1959년에 진보당 간부들 중 석방된 사람들을 중심으로 '뭔가 해보자' 하니까 정부에서는 '정부가 해산한 당이 움직이는 건 불법 행위다. 엄단하겠다', 이렇게 나왔다. 당시 신문에 그런 게 자주 나온다. 조인구 치안국장도 혁신계 움직임에 대해 그런 얘기를 했다. 실제로 움직이기가 아주 어려웠는데, 조금만 움직이려 해도 아주 심하게 경계하는 걸 볼 수 있다. 그렇기 때문에 1960년 3~4월 시위에도 진보 세력, 혁신 세력이 조직적으로 전혀 참여하지 못했다. 민주당도 참여하지 못했지만 진보 세력도 못했다. 이것에 대해서도 씁쓸한 점이 있다.

— 혁신계는 이승만 사임 후 기대를 모으지 않았나.

이승만 정권이 무너지면서 자유를 다시 찾을 수 있었고 민주주의가 다시 현실이 될 수 있는 역사적인 계기를 맞이하지만, 진보 세력이 움직이는 데는 한계가 있었다. '수염이 허연 노인네와 새로운 젊은이들이 혁신계로 모인다', 이런 얘기가 나오고 그랬는데 워낙 고생들을 많이 해서 그런지 '현실 인식이 얼마만큼 명료했느냐', '현실에 잘 대처할 수 있는 인식을 갖추고 있었느냐' 하는 점도 논란이 됐다. 그것도 논란이었지만 특히 조직, 더더군다나 자금, 이런 것에 대해선 백지상태나 다름이 없었다.

진보당 간부들이 아니더라도 이때는 대부분이 허름한 방 하나 얻어 살기도 힘든 시절이었다. 세끼 밥 먹기조차 어렵고, 이 집 저 집 전전하기도 하던 때였다. 임시정부 국무위원을 했던 이들 중에도 1950년대, 1960년대에 참으로 어렵게 생활한 사람이 많다. 독립 운동을 한 사람들이 당시 얼마나 불안하고 힘든 생활을 했나. 감시도 받았고, 1950년대와 1960년대에 감옥소에도 여러 번 갔다. 정말 힘든 생활을 할 수밖에 없던 때다. 그렇기 때문에, '진보 세력이 7·29선거 같은 데서 상당한 역할을 할 수 있을 것 아니냐' 하는 기대를 일각에서 했지만 그 기대에 부응할 수가 없었다. 이승만 사임후 4월혁명을 구체화하는 데엔 이와 같이 여러 가지 어려움이 딸려있었다.

—— 진보 세력의 설 자리와 관련해 미국 문제도 중요한 변수 아닌가.

'미국이 진보적인 야당, 과거사 청산을 거침없이 하려고 하고 민족 통일, 국가 자주를 내세우는 정당을 용납했겠는가', 이런 지적에도 귀를 기울이지 않을 수 없다. 대학생 사회에서도 그런 면이 있다면 미국이 그걸 용납했겠느냐.

혁신계, 또 민족통일연맹 같은 진보적 대학생들의 통일 운동 등에 대해 아주 강한 의혹의 시선을 던진 글이 미국 중앙정보국 CIA 보고서 같은 데 여러 차례 나오고 그러지 않나. 그러면서 CIA 가 5·16쿠데타와 일정한 연관을 갖는 걸로 지적하고 그런다. 하여튼 간에 미국이 장면 정부에 대해 그렇게 호감을 갖지 않은 제일 큰 이유가, 자유민주주의 사회에서는 있을 수도 없고 있어서도 안 되는 탄압인데도 불구하고, '진보 세력을 탄압하는 능력이 약한 것 아니냐. 진보 세력이 상당히 활동하는 것 아니냐', 이것이었다. 그런 것에 대한 강한 경계심을 가졌기 때문에 장면 정부에 대해 점차 거리를 두지 않나. 그래서 이 당시 전반에 걸쳐 있던 여러 제한적 요인들, 특히 한국 사회가 직면했던 어려움, 한국 사회에 대한 미국의 영향력 같은 것을 종합적으로 평가해야 할 것 같다.

이승만 대신 장면 정권 집중 비난한
5·16쿠데타 세력

—— 4월혁명 시기가 혼란기였다는 주장이 오랫동안 나왔다. 어떻게 보나.

혼란기라는 선입견이 많은 사람에게 딱 들어 있다. 그렇게 된 데에는 박정희 정권 18년간 끊임없이 이 부분을 선전하고 홍보한 것이 크게 작용했다. 그 시기 우리 현대사는 연구하지도, 가르치지도 않았다. 사실은 연구하기도 힘들었고 가르치지도 못하게 했다고 이야기할 수 있다. 그런데도 박정희 정권이 18년 동안 제일 많이, 쉬지 않고 거론한 게 바로 장면 정권 비난이었다.

박정희 개인으로만 보면 집권 후 이승만을 거론하면서 직접 비판한 건 찾기가 쉽지 않다. 이건 놀라운 일이라고 할 수 있을지도 모른다. 이른바 '군사 혁명'을 주장하는 쪽에서 나온 책자 등에서 이승만 정권을 아주 혹독하게 비판한 건 틀림없다. 박정희 개인도 불만이 있었던 것은 틀림없다. 그럼에도 이승만을 직접 거론해 비판하는 건 찾기가 어렵다.

그렇지만 장면 쪽은 직접 거론해 비난을 퍼부었다. 5·16쿠데타 나고 장면 총리가 구속돼 감옥에서 고생도 많이 하고 그러지 않나. 박정희 쪽에서 초기에 제일 많이 비판한 것에 부정부패가 들어가 있었다. 장면 정권 쪽에서 나중에 강하게 반발한다. '우리 장관급 간부들이 감옥소나 중앙정보부 같은 데서 그렇게 닦달을 당하면서 부정부패에 대해 추궁을 당했지만 부정부패 사실이 나온 게 있느냐. 그 점에선 깨끗했던 것 아니냐', 이렇게 반발하는 걸 볼 수 있다. 사실 장면 같은 사람은 부정부패를 저지르라고 해도 할 능력이 없는 사람이었다. 어쨌든 부정부패 이건 박정희 정권이 억지로 뒤집어씌우려 그렇게 애를 썼고 나중에도 '장면 정권은 부정부패했다'고 계속 말은 하지만, 증거를 찾기가 어렵다.

— 장면 정권이 파쟁에 휩쓸렸다는 비판도 많이 나왔다. 민주당의 내부 갈등이 심각했던 건 사실 아닌가.

박정희가 쿠데타를 정당화하기 위해 18년간 굉장히 강조했다. 그건 어느 정도 맞는 측면이 있다. '민주당 신·구파 분쟁이 워낙 심해 구파와 신파의 관계는 구파와 자유당 온건파의 관계보다 더 나빴다'는 평가가 4·19 이전에, 이승만 정권 때 이미 나올 정도였다.* 장면 쪽과 조병옥 쪽은 보통 사이가 나쁜 게 아니었다. 그건 7·29선거 때도 고스란히 드러난다. 1960년 8월 23일 민주당 정부가 출범한 후에도 구파 쪽에서 장면 정권을 심하게 공격하는 게 사실이다. 구파 쪽에선 나중에 민주당에서 뛰쳐나가 신민당을 만든다.

그렇지만 세월이 가고 지방 선거도 거치면서, 또 민주당이 여당의 이점利點을 이용해 의석수를 계속 늘리면서 장면 정부는 1961년에 들어서면 점점 안정된다. 신민당의 공격에도 이젠 크게 흔들린다고 얘기할 수 없는 상태가 된다. 그러면서 여러 경제 정책 등을 집행하려 구체적인 활동에 들어가는 걸 볼 수 있다.

그런데 이때 쿠데타가 일어난 것이다. 그 후 박정희는 파쟁 문제를 아주 강조하면서 야당을 무조건 파쟁 세력으로 몰아세우는 측면이 대단히 강했고, 그것이 조선 왕조의 당파 싸움을 이어받았다고까지 역설했다. 친위 쿠데타를 일으켜 유신 체제를 만드는 과정에서도 이 파쟁을 갖고 설명을 많이 한다. 특히 장면 정권이 파쟁 정권이라고 그렇게 강하게 이야기한다.

쿠데타는 무능한 정부 탓?
정권 출범 한 달도 안 돼 쿠데타 모의

— 장면 정권이 무능했다는 비판도 많이 하지 않았나.

5·16쿠데타 세력이 그 얘기를 18년 동안 쉬지 않고 아주 많이

● 조병옥과 윤보선 쪽이 구파, 장면 쪽이 신파였다.

5·16쿠데타가 일어난 뒤인 1961년 5월 18일 장면 총리가 국무총리 사임 기자 회견을 열고 있다. 5·16쿠데타 세력은 18년 동안 끊임없이 장면 정부가 무능력했다고 비판했다. 사진 출처: e영상 역사관

했다. 장면이 그것에 대해 세게 반발한 게 있다. 회고록을 읽어보면, '내가 1960년 8월 23일 정권을 맡았는데, 김종필을 비롯한 쿠데타 핵심들은 9월 10일 충무장(퇴계로에 있는 일식집)에 모여 쿠데타 모의를 결의하지 않았나. 정권이 들어선 지 한 달도 안 돼서 쿠데타를 일으키려고 해놓고, 우리가 무능해서 그랬다고 떠드는 게 말이 되나? 너희는 처음부터 권력을 탈취하려 한 자들 아니냐', 이와 같이 쓴 걸 볼 수 있다.

사실 장권 정권이 무능했는가, 민간인 정부는 무능했고 군인 정부는 유능했는가, 이 문제를 따지는 건 보통 어려운 게 아니다. 장면 정부가 2~3년만 더 갔어도 따지기가 쉬웠을 텐데, 출범한 지 채 9개월도 안 돼서 무너지지 않았나. 막 일을 하려고 할 때 깨졌다.

그런데 박정희 정권을 봐라. 경제 정책이니 뭐니 1961년, 1962년에 얼마나 죽을 쑤나. 잘못하는 게 얼마나 많이 나오나. 그리고 군인들 내부에서 이른바 반혁명 사건 같은 게 얼마나 많이 일어나나. 파쟁이라든가 내분이라든가 무능함은 박정희 정권 초기에도, 1963~1964년까지라고 해도 좋은데, 그야말로 여실히 드러난다. 그런데 박정희 정권이 경험을 쌓으면서 경제 정책에서도 1964~1965년 가면 변화가 보이지 않나. 수출 정책도 그때 확립되는 것 아닌가. 정권을 운영하려면 이런 과정을 겪으며 노하우를 쌓아야 하는 건데, 장면 정부엔 그게 없었다.

　　그렇지만 집권 9개월간의 업적으로는 대단하지 않았나, 적극적으로 평가할 것이 많지 않은가, 적어도 5·16 군사 정권 초기보다는 잘한 것 아닌가, 이런 점도 이제는 차분히 짚어봐야 할 것 같다. 1960년에는 정권이 두 번(이승만 정권에서 허정 과도 정부로, 다시 장면 정권으로) 바뀌었고 선거도 우리 역사상 가장 많았다. 민주당 신·구파 파쟁이 심했고, 혁명 입법 문제로 언론으로부터 무척 닦달을 당했다. 3~6월에는 시위가 아주 많았는데 그 여파가 있었다. 이런 여러 사정들 때문에 집권 초기에는 일을 하기가 굉장히 힘들었다. 그렇지만 경제 정책만 하더라도, 김영선 재무부 장관 같은 뛰어난 브레인의 역할이 컸지만, 정권 초기의 작품으로서는 평가할 것이 많았고, 공무원 공채 등의 업적이 있으며, 경찰을 대폭 숙정해 물갈이했고, 국군 숫자도 대폭 줄여 국방비를 경제 발전에 돌려쓰려고 했다. 이런 점들을 감안하면 장면 정권은 무능한가 하는 문제는 정말 평가하기가 어렵다고 얘기할 수밖에 없다. 하여튼 그 부분을 더 연구하고 더 많은 논의를 할 필요가 있다.

— 수많은 학살 및 의혹 사건의 진실을 밝히려는 움직임이 4월혁명 후 본격적으로 전개된다. 일각에서는 이것도 혼란의 징후로 받아들인다. 어떻게 생각하나.

이 시기가 혼란기였느냐. 여러 가지를 생각해봐야 한다. 우선 이승만 정권 12년 사이에, 전쟁도 일어났지만, 정부 수립 초기부터 얼마나 많은 의혹 사건이 일어나나. 1949년 6월에 이미 김구 암살 사건이 일어나고 그러지 않나. 그 이전에 1948년 제주 4·3사건과 여순사건에서 대규모 주민 집단 학살 사건이 일어나지 않나. 이처럼 이승만 정권 12년간 의혹 사건이 많았고, 주민 집단 학살 같은 큰 사건도 많이 일어나고 그랬다. 그리고 억눌린 상태에서 경찰이나 관리나 특권 세력한테 당한 게 얼마나 많나.

그러니까 4월혁명으로 찾아온 자유 속에서 자기들 목청을 좀 내려고 하고, 의혹 사건이건 집단 학살 사건이건 수많은 사건의 진상을 규명하려는 운동이 일어나는 건 너무나도 당연하다고 볼 수 있다. 그게 안 일어나는 게 오히려 이상한 사회인 거다.

그런 행위를 저지른 것과 연관된 과거의 집권 세력, 또 이런 집권 세력과 뜻을 같이했던 세력이 많았다. 극우 반공 보수 세력 가운데엔 이런 진상 규명 움직임을 굉장히 불안하게, 그걸 혼란으로 보고 '저건 가만둬서는 안 된다'고 여기는 이분법적인 사고가 상당히 있었다.

그렇지만 이것을 혼란으로 봐서는 안 된다. 어째서 이것이 혼란이란 말인가. 정상적인 사회, 화해와 상생의 사회로 가기 위해 어쩔 수 없이 치러야 하는 당연한 대가이자 잘못된 역사를 치유하는 과정으로 이해해야 한다.

4월혁명 시기,
혼란기로만 볼 수는 없다

— 혼란기라고 주장하는 이들은 이때 시위가 많았다는 점을 강조
한다. 시위가 많이 일어난 건 사실 아닌가.

주된 혼란 하면 시위를 연상한다. 일각에서 '데모 만능 시대'
라고 하는데, 그럼 데모가 언제 제일 많이 일어났느냐. 4월혁명 이
후 시위가 집중적으로 일어나는 건 장면 정권과는 관계가 없는
1960년 4월 27일부터 그해 6월 말까지다. 이듬해 5·16쿠데타까지
일어난 시위의 대부분이 이때 일어난다. 집계에 따라 1960년 4월
27일부터 1961년 5월 15일까지 일어난 데모의 60퍼센트 이상으로
본 데도 있고, 어떤 데는 80퍼센트라고도 본다. 상인들도 일어나고,
경찰도 시위했다고 한다. 억눌린 사람뿐만 아니라 뭔가 불만 있는
사람, 당한 사람은 다 시위 한 번씩 하려고 했던 거다.

이때 시위의 대종이라고 할까, 제일 많은 부분을 차지한 건 사
실 사립 학교였다. 우리나라 사립 학교 재단이 때로는 복마전이라
고도 불리지 않았나. 연세대, 한양대 등을 비롯한 대학이건 중·고등
학교건 거의 모든 사립 학교에서 들고일어날 정도였다. 시위 숫자
가 늘어난 데에는 이처럼 사립 학교가 안고 있었던 여러 문제들, 각
종 비리, 부정부패 문제가 큰 역할을 했다.

그러다가 7월 이후 조금씩 뜸해진다. 그러나 7·29선거에 더해
12월에 가면 네 차례에 걸쳐 거의 완벽한 지방 자치 선거라고 볼
수 있는 선거가 치러지는데, 그 와중에 또 혼란이나 어려움으로 보
일 수 있는 게 있긴 하다. 그렇다 하더라도 전체 시위 숫자는 현저

장면 정권과 5·16쿠데타

히 줄어든다. 1961년 2월에 가면 한 신문에 '요새 시위가 안 일어나서 이상한 느낌이 든다'는 글이 실릴 정도로 많이 줄어들었다.

그러다 1961년 장면 정부가 무너질 것이라는 3~4월 위기설이 돌고 정부에서 반공법에다가 집회와 시위에 관한 법, 당시엔 데모규제법이라고 불렀는데, 그걸 만들려고 하면서 시위가 상당히 큰 규모로 일어났다. 그럼 그건 어떻게 봐야 하는가. 무조건 혼란이라고 볼 수 있는 거냐. 난 그렇게만 볼 수는 없다고 본다. 2대 악법 반대 투쟁이라고 하는데, 하여튼 두 법안 때문에 장면 정부 시기에 가장 규모가 큰 시위가 있었던 건 사실이다. 극우 세력은 특히 2대 악법 반대 시위에 '장면 정권이 단호히 대처하지 못했다. 무능했다'고 역설하지만, 이 시기 장면 정권의 시위 대처 능력은 그 이전보다 향상됐다는 지적도 있다.

— 5·16쿠데타 세력은 3~4월 위기설을 퍼뜨리지 않았나.

박정희 쿠데타 세력은 이 시위를 조장하려고 했다. '4·19 1주년 때 뭔가 일어날 것이다' 해가지고 쿠데타 날짜로 그날을 생각했다고 쓰여 있지 않나. 그런 분위기 때문에도 대학생들이 '이건 조심해야 한다'며 입에다 반창고를 붙이는 식의 이른바 침묵시위로 4·19 1주년을 일단 끝냈다. 학생들도 굉장히 조심했던 것이다.

1961년 5월에 다시 통일 운동이 일어나면서 5월 13일 서울운동장에서 꽤 큰 집회가 있긴 했다. 이런 것들을 어느 시각에서 평가하느냐, 이것이 문제다. 하여튼 시위 하나만 가지고 이야기한다고 하면, 1960년 6월 말까지 제일 많았고 그 후 잦아들어 1961년 들어서는 1960년과 비교가 안 될 정도로 줄어들었다.

3·15 부정 선거 사범 특별 재판 장면. 장면 정권은 과거사 정리 작업 전반에 대해선 미온적이었지만, 경찰만은 확실히 숙청하려고 했다. 사진 출처: e영상역사관

— 장면 정권은 과거사 정리 작업 전반에 대해선 미온적이었지만, 경찰에 대해서만은 달랐다. 이를 두고, 일각에서는 이 때문에 치안력이 약화돼 혼란을 자초했다는 식으로 장면 정권을 겨냥하기도 한다. 이런 주장, 어떻게 보나.

장면 정부가 경찰에 대해선 강하게 숙청하지 않을 수가 없지 않았나. 왜냐하면 경찰은 1950년대 이승만 정권의 도구 아니었나. 3·15 부정 선거를 비롯한 각종 부정 선거에서 제일 도구 노릇을 하지 않았나. 특히 사찰 경찰이 심했다. 그러니까 숙청하지 않을 수 없었던 것이다.

4월혁명으로 경찰은 비난의 표적이 됐고, 그 때문에 경찰력이 약화돼 1960년에 시위가 많았다고 얘기할 수도 있다. 그러나 1961

년 3월 시위와 4월 시위, 그러니까 2대 악법 반대 투쟁에 관한 당시 기사들을 보면, 그중에서도 특히 규모가 가장 컸던 대구 시위에 관한 기사를 보면, '경찰의 시위 대처 능력이 향상됐다'고 보도하고 그랬다. 장면 정권이 새로운 경찰을 기용하면서 시위 대처 능력도 차츰 나아지는 것을 볼 수 있다.

그러니까 혼란기라고 주장하는 것에 대해 여러 가지로 판단해야 한다. 특히 박정희 정권이 쿠데타를 합리화하기 위해 18년간 집요하게 무엇을 주장해왔는가, 그로 인한 선입견이 얼마나 깊숙이 우리 몸 안에 파고들어왔는가, 이런 것을 많이 생각해봐야 한다.

억세게 운 좋은 박정희,
그의 과거는 비밀이었다

장면 정권과 5·16쿠데타, 네 번째 마당

김 덕 련 1961년 5·16쿠데타 과정을 되짚어보면 여러모로 허술했다. 보안이 철저하지도 않았고, 쿠데타 당일 병력 동원도 매끄럽게 이뤄지지 않았다. 쿠데타군 자체가 그리 많지도 않았다. 그런데도 한 나라를 손에 쥐는 데 성공했다. 박정희 전 대통령은 참 운이 좋은 사람이라는 생각이 든다.

서 중 석 그전엔 안 그랬는데 요 근래 박정희 정권에 관해 강의할 때 빠지지 않고 얘기하는 게 있다. '박정희는 정말 대운을 타고난 사람이다. 운이 너무나도 좋은 사람이다', 그런 얘기를 한다. 쿠데타에 성공할 때도 여러 가지가 겹치면서 정말 운이 좋았고, 경제 발전 문제만 해도 그렇다. 국내외 조건이 그야말로 그보다 더 좋을 수 없는 시기에 경제 발전을 이룩해낼 수 있었다. 중화학 공업화를 할 때에도 선진국에서 사양 산업이 된 일부 중화학 공업을 넘겨주기 시작하는 시기와 맞물렸다. 또 정부에서는 중화학 공업에 매진했지만 기업들이 투자를 꺼렸던 1970년대 후반에 중동 건설 경기가 갑자기 일어난 것도 굉장히 운이 좋은 것이다.

'박정희 대통령이 경제에 대단히 유능했던 것처럼 대부분의 사람들이 평가하는 데는 1979년 10·26이 큰 기여를 했다. 경제가 급격히 나빠질 때 죽지 않았나', 일부에서 그런 주장을 한다. 상당히 설득력이 있는 주장이라고 본다.

— 1970년대 말 차관 망국론이 나오고 재벌 위주 정책, 도농 간 그리고 지역 간 과도한 불균형 등의 문제가 겹치면서 경제 상황이 매우 나빴다. 1980년대 중후반 3저 호황 때까지 이 위기에서 완전히 벗어나지 못했고, 3저 호황 덕에 경제 지표는 좋

5·16쿠데타 후 박정희의 프로
필 사진. 박정희는 쿠데타에 성
공할 때도 여러모로 운이 좋았
고, 경제 발전 성과 역시 국내
외 조건이 그보다 더 좋을 수
없는 시기에 집권했다는 점이
크게 작용했다. 그런 여러 가지
를 놓고 볼 때 박정희는 대운을
타고났다고 이야기할 만하다.
사진 출처: e영상역사관

아졌지만 박정희 시대 체질이 그대로 유지된 것이 1997년 국
제통화기금IMF 구제 금융 위기를 맞게 된 것과 무관치 않다는
시각도 있다. 어쨌건 10·26으로 갑작스레 세상을 떠나면서, 이
런 문제에 대한 책임에서 박 전 대통령이 마치 몇 발짝 떨어진
것처럼 돼버렸다는 말로 들린다.

박정희가 얼마나 운이 좋았는가는 지금부터 자세히 이야기하
겠지만 그 이전에 짚을 게 있다. 박 대통령이 1979년 10월 26일 총
을 맞을 때까지 사실 박 대통령과 그 정권에 대해서는 그 당시 신
문에 보도된 정도의 수준을 넘어서는 사실과 진상, 진실을 알 수 있
는 게 별반 없었다. 특히 긴급 조치 9호 시기에 심했지만, 유신 시기

에 언론이 얼마나 제약받았나. 이뿐만 아니라 연구도 거의 안 됐고, 연구를 할 수 있는 조건이 갖춰져 있지 않았다. 연구를 할 수 없었다고 말하는 편이 더 정확할지도 모르겠다. 유신 시대가 그러한 상황을 단적으로 얘기해주지만 그것만이 이유는 아니다.

1980년대에서 1990년대에 걸쳐 우리나라는 비화의 시대라고도 얘기한다. 박정희 정권에 대한 구체적인 접근도 연구자들의 연구에 의해 이뤄진 것이 아니라 비화에 의해 시작된 면이 다분하다. 이런 일도 있었다. 1983년 무렵, 한 일간지가 관계자들 증언을 위주로 해서 5·16 군사 쿠데타가 시작되는 바로 그 시점에 대해 연재하기 시작했다. 김포 쪽에서 김윤근 준장(해병 제1여단장)이 거느린 해병대가 제일 먼저 노량진 쪽으로 들어오고 한강대교에서 방자명 중령이 끌고 온 헌병대와 대치하면서 총격이 일어나는 장면, 몇 차례에 걸쳐 그 장면까지 왔을 때 그 연재는 끝났다.

이걸 연재할 때 그 신문 가판은 폭발적으로 팔렸다. 지금과 달리 그때는 가판 팔리는 게 신문사에 매우 중요했다. 1960년대부터 1980년대까지는 보도의 중요한 임무를 신문이 거의 다 맡아 했기 때문에 얼마만큼 빨리 보도되느냐가 굉장히 중요했다. 예컨대 석간만 하더라도 서너 번, 네댓 번씩 판을 바꿔서 새로운 뉴스를 계속 보도하고 그랬다. 그런 건 대개 가판으로 많이 팔렸다. 가판이 신문사 수익에서 상당히 중요한 위치를 차지했다.

5·16쿠데타 소식을 비화 스타일로 보도할 때 그 신문 가판이 수만 부 더 나가는 등 상상하기 어려울 정도로 잘 팔린다는 이야기가 나올 정도였다. 요즘은 신문이 대형화됐지만 그때는 신문이 그렇게 많이 팔릴 때가 아니다. 그런데 쿠데타군이 한강 넘어 육군본부로 들어가기 전에 갑자기 연재가 끝나버렸다. 그렇게 막 팔리니

5·16쿠데타 후 장도영 당시
국가재건최고회의 의장이 신임 각료들과
함께 국립묘지를 참배하고 있다. 사진 출처:
e영상역사관

까 전두환 정권이 깜짝 놀라서 더 이상 못 나가게 막았다는 소문이 돌고 그랬다.

— 1980년대는 현대사의 진실에 목말라하던 사람들이 지금보다 훨씬 많던 때 아니었나.

1984년, 내가 동아일보사《신동아》에 근무할 때였는데, 미국에 있던 장도영이 자신과 5·16쿠데타의 관계를 회고하는 내용이《신동아》에 실렸다. 그때까지 장도영은 '5·16쿠데타 때 양다리 걸친 나쁜 놈'이라는 욕을 아주 많이 먹고 있었는데 아마 그 해명을 처음으로, 박정희가 죽은 이후에 하려는 것 아니었나 싶다. 하여튼 장도영 회고담이 세 번에 걸쳐 연재됐다. 그런데 4만 부 나가던《신동아》가 첫 번째 회고담이 실렸을 때 5만 부인가 나갔고 세 번째로 실렸을 때는 내 기억에 8만 부 내외가 나갔다. 그야말로 파격적이었다. 4만 부에서 8만 부가 됐다는 건 당시 잡지 시장에서 대단한 일이다.*

그렇게 되니까 여기저기서 비화를 막 실으려 들고《신동아》도 비화에 더 많은 노력을 기울였다. 그러면서 광주항쟁에 관한 기사를 그다음 해에 썼을 때는 초판 30만 부가 순식간에 나갔다. 30만 부가 팔릴 거라고 생각하고 초판을 찍은《신동아》도 대단한데, 어쨌건 엄청난 일이었다. 당시 동아일보사가 동아일보 신문으로 벌어

---

* 600호를 발행한 해인 2009년《신동아》에 게재된 글에 따르면,《신동아》부수는 1984년에 처음으로 10만 부를 넘어섰다. 그 후에도 현대사 관련 증언 등을 거듭 실으면서 부수는 급격히 늘었다. 1985년 20만 부와 30만 부를 돌파했고, 이후락 전 중앙정보부장의 증언을 실은 1987년에는 40만 부를 넘어섰다.

들인 것하고 《신동아》 초판 30만 부가 벌어들인 돈이 별 차이가 없을 것이라고 서로 얘기하고 그랬다. 그 정도로 대단한 걸 해낸 것이었다. 물론 더 이상 찍지는 않았다. 이른바 높은 선에서 서로 간에 뭔가 있었던 것 같다. 하여튼 그러면서 우리나라가 비화 시대를 맞아서, 6월항쟁 이후엔 전두환 신군부 비화 같은 것이 또 팔리고 그러지 않나.

18년이나 집권했는데도
오랫동안 베일에 싸인 박정희의 과거

─ 비화가 큰 관심을 끌었다는 건 그만큼 박정희 정권의 실상 중 제대로 알려진 게 별로 없었다는 뜻이기도 하다.

많은 사람이 '박정희 대통령이 18년이나 집권했기 때문에 적어도 박정희에 대해서는 사람들이 잘 알 것 아니냐'고 생각한다. 그렇지가 않다. 우선 쿠데타를 일으켰을 때 박정희는 국민에게 너무나도 생소한 사람이었다. 그때 중학생이던 나도 삐라를 주워서 봤는데 삐라 상태가 좋지 않아 얼굴이 시커멓게 보인 건지는 모르겠으나, 어쨌든 일반 국민이 전혀 모르는 사람이 쿠데타를 일으킨 것이었다. 언론계나 지식인층도 잘 몰랐다. 국회의원들도 '박정희가 누구야?' 하고 서로 얘기했다고 그런다. 쿠데타 후 국회는 곧 해산된다.

군인들 일부만 박정희를 알고 있었는데, 그 세계에서도 박정희는 그렇게 알려진 인물이 아니었다. '침울한 표정에 불만이 있는 듯한 인상이었다', 이런 식으로 기억하고 있는 사람이라든가 '박정희는 좌익이었는데?' 하는 식의 기억을 하고 있는 사람들이라든가 그보다 더 극소수는 '그 사람, 쿠데타에 연관됐었다던데'라는 식으로 알고 있었다. 여기서 쿠데타 연관이란 5·16 이전의 쿠데타 시도를 가리키는 건데 극소수만 그걸 알고 있었다. 그런 정도였다.

── 박정희가 군인으로서 매우 불운했다고 알고 있는 이들도 있다. 타당한 이야기인가.

박정희 추종자들이 쓰는 글조차 박정희에 대해 '불운의 군인'이라는 제목을 붙이고 그런다. 그만큼 박정희는 군인 시절에 활동한 게 별로 없다. 쿠데타 전에 그렇게 눈에 띄는 활동을 한 게 없다. 군인들의 회고록을 보면 많은 군인이 6·25 때 전투 활약을 강조한다. 자신이 공을 많이 세웠다는 이야기가 큰 비중을 차지하는데 박정희는 그런 것도 내세울 만한 게 없었다. 여자에 관련된 얘기들이 있고, 전쟁 기간 중 육영수와 로맨스라고 할까, 그래서 결혼까지 하게 되는 것에 대한 얘기가 좀 있는 정도다. 1950년대 박정희 얘기에서도 이게 큰 비중을 차지한다.

또 일부에서는 '박정희가 나이에 비해 진급이 늦었다'고 얘기한다. 좀 늦은 나이에 육사(2기)에 들어가서 그렇긴 한데, 육사 2기생만 갖고 얘기할 때는 꼭 진급이 늦은 것만은 아니었다. 박정희는 군의 실력자라고 볼 수 있던 백선엽, 장도영, 송요찬 같은 사람들이 많이 봐주고 그랬다. 그러니까 박정희를 그렇게 불운한 사람이라고만 볼 수는 없다. 물론 남로당 프락치 건 때문에 초기에 상당히 진급이 안 됐던 건 틀림없는 사실이다. 그러나 그 이후에는, 육사 2기를 놓고 따지면 진급이 그렇게 늦은 것만은 아니라는 얘기는 할 수 있다.

── 박정희는 한국 현대사의 문제적 인물이다. 그런데 정작 그가 어떤 삶을 살았는지는 오랫동안 베일에 싸여 있지 않았나.

박정희 정권 때 나도 '박정희가 일본군관학교, 만주군관학교 나왔다', 이런 식의 얘기를 듣긴 했는데 어느 군관학교를 나왔는지 잘 알고 있진 않았다. 1990년대까지, 어쩌면 21세기에 와서도 박정희가 일본군 장교였다고 알고 있는 사람이 많다. 정확히 말하면 만주군 장교다. 그만큼 박정희의 과거 이력이 명확하게 알려져 있지 않다. 이 사람 창씨개명이 2012년 대선에서도 화제가 됐다고 하는데, 사실 나도 이 양반 창씨개명 이름인 오카모토 미노루岡本實를 1970년대 후반이나 1980년대 들어와서 처음으로 알았던 것 같다. 또 하나가 다카키 마사오高木正雄인데, 이걸 알게 된 건 1980년대 중반쯤이다. 내 딴에는 현대사에 대해 뭐 좀 한다고 했는데도 박정희의 정확한 창씨개명 이름도 오랫동안 모를 정도였다.

이렇게 박정희에 대해 알려진 것이 그리 많지 않았다. 심지어 2005년에 국가 기관으로 발족한 '친일 반민족 행위 진상 규명 위원회'조차 박정희가 일제 때 어떤 행위를 했느냐, 이걸 궁금해 하는 상황이었다. 친일 행위자로 넣어야 하느냐 빼야 하느냐 하는 것 때문이었다. 다른 사람도 아니고 박정희는 굉장히 중요한 위치에 있던 사람 아닌가. 넣느냐 빼느냐가 아주 큰 논란을 불러일으킬 수 있는 문제였다. 어느 쪽으로 결론이 나든 간에.

그래서 국내외 여러 곳에 박정희 관련 일제 때 군 경력 자료를

만주군관학교와 일본 육사를 졸업한
직후의 박정희(왼쪽). 만주신문
1939년 3월 31일 자에 실린 박정희의
혈서(오른쪽). "일본인으로서……
목숨을 다해 충성을 다할
각오입니다"라고 적혀 있다.

수집하러 사람을 보냈다고 들었다. 그런데 여기서 상당히 중요한
자료를 끝내 알아내지 못했다. 아마 그 자료가 그때 나왔더라면 친
일 행위자로 넣어야 한다고 강하게 주장했을 가능성이 있다. 그런
데 그게 늦게 나오면서 박정희는 국가에서 만든 위원회의 친일 행
위자 명단에 올라가지 않았다.

─── 민족문제연구소에서 2009년에 공개한 만주신문 자료를 말하
　　는 건가.

《친일인명사전》을 만들고 있던 민족문제연구소에서 나중에 알
아낸 것이다. 일본어 신문이던 만주신문 1939년 3월 31일 자에 박
정희가 혈서로 만주군관학교에 지원한 자료가 그때 나왔다. '친일

반민족 행위 진상 규명 위원회' 활동이 끝날 때 이게 나와 버려서, 《친일인명사전》에만 박정희가 친일 행위자로 수록될 수 있었다. 그 정도로 자료가 잘 안 나왔다.

박정희는 만주군관학교에 응시했다가 나이 때문에 1차 탈락하지 않았나. 두 번째 응모한 게 이 만주신문에 난 것이다. 사진과 함께 났는데 '혈서 군관 지원, 반도의 젊은 훈도로부터'라는 제목이 붙어 있다. "일본인으로서 수치스럽지 않을 만큼의 정신과 기백으로써 일사봉공의 굳건한 결심입니다. …… 목숨을 다해 충성을 다할 각오입니다. …… 조국을 위해 …… 멸사봉공, 견마의 충성을 다할 결심입니다." 물론 여기서 조국이라는 건 '황국' 일본을 가리킨다고 볼 수 있다.

이게 2000년대 마지막 시기에 와서야 나왔다. 그만큼 자료 같은 것을 알고 있는 사람들조차 안 내놓는 경우가 있다. 최초로 4성 장군이 된 백선엽 관련 자료도 최근에 와서야 한겨레 김효순 기자에 의해 중요한 몇 가지가 나오지 않았나. 《간도특설대》라는 책에 그 내용이 나온다.

한국전쟁 거치며 급팽창한 군대,
도미 교육 통해 엘리트 의식 키운 장교들

—— 이제 쿠데타의 전모를 하나하나 짚었으면 한다. 쿠데타를 가능케 한 배경으로 어떤 것을 꼽을 수 있나.

쿠데타는 여러 조건이 박정희를 비롯한 주동자들에게 매우 유리하게 돌아갔기 때문에 성공했다. 그래서 '박정희와 쿠데타 주동자들은 정말 운이 좋은 사람들이다', 그런 이야기를 많이 한다. 이제 어떤 식으로 쿠데타를 일으키는가를 보자. 먼저 한국에서 쿠데타가 일어날 가능성이 있다는 것과 관련해 몇 가지 생각해볼 게 있다. 쿠데타 가능성이 있다는 제일 큰 이유는 한국군이 굉장히 비대하다는 것이었다. 내가 꼬맹이 때 '한국군이 세계에서 네 번째로 많다'고 그랬다. 중국, 소련, 미국, 그다음에 프랑스하고 한국이 비슷하게 많다, 뭐 그러더라. 하여튼 많았다. 그러면 우리한테 원래 군대가 많았느냐? 그렇지 않다.

모두 잘 알다시피 한국전쟁이 일어난 1950년 6월 25일 육군 숫자가 10만 명이 채 안 된다. 한 자료에는 9만 4,974명으로 돼 있다. 그 숫자가 그해 연말까지 그렇게 늘어나지를 않는다. 1950년 12월에도 10만 명 선이다. 전쟁이 이해에 일어났는데, 왜 이렇게 한국군 숫자가 적고 미군이 훨씬 많은가. 한국군이 정식 군인으로서 투입되는 것에 대해 미군이 상당히 제한을 가한 것으로 돼 있다. 충분한 훈련, 무장과 작전 문제와 관련해 미국이 그렇게 조치한 것 같다.

군대 규모가 커진 건 1951년에 들어와서다. 지금의 휴전선 근처에서 전선이 교착될 무렵 군대가 막 늘기 시작한다. 전쟁이 일어난 지 1주년이 됐을 때쯤인 1951년 6월 27만 3,266명으로 통계가 잡혀 있고 그로부터 1년 후인 1952년 6월에 37만 6,418명으로 돼 있다. 휴전협정을 맺는 1953년 7월에는 60만이 약간 안 되는 59만 911명으로 잡혀 있다. 우리가 아는 60만 대군이라는 건 그 이후다. 1953년 12월에 61만 2,106명으로 돼 있다.

이승만 대통령에겐 좀 '고전적'인 사고가 있었다. 군인 숫자를

1951년 9월 미국 유학길에 오르는 국군
장교단. 군에서 어지간한 장교는 전부 미국
가서 훈련을 받았다. 그래서 그런지 군은
다른 어느 쪽보다도 엘리트 의식이 강했다.
사진 출처: e영상역사관

늘리는 것이 강력한 국방력을 갖추는 길이라고 생각했다. 그래서 군대 규모를 늘리는 걸 미국에 계속 강하게 요구했다. 그 결과 나중엔 72만 명까지 늘어났다. 그런데 이 군대를 유지할 방법이 없었다. 아무리 미국 원조의 대부분으로 군대를 유지, 충당한다고 하더라도 우리 국방비도 상당히 들어가는 것이었다.* 할 수 없이 대통령 스스로 줄이는 데 동의해 이승만 정권 말기에 다시 60만 대군이 됐다.

박정희 정권 때 월남(베트남)에 파병하지 않나. 많을 때 5만 명까지 파병한다. 전 세계에서 미국 다음으로 많이 파병했다. 1960년대 중후반에 우리 군대가 65만이냐 60만이냐 할 때 월남에 있는 숫자까지 합하면 65만 이상, 국내에 있는 숫자만 하면 60만 이상이었다. 국내에 있는 숫자는 나중에 65만 명이 됐다. 어쨌든 5·16쿠데타가 일어날 때 60만 대군이라고 불렀는데 굉장히 비대한 조직이었다.

— 그런 군부가 딴생각을 할 수 있다는 건 예상 가능한 일 아니었을까 싶다.

엄청난 맨 파워를 가진 데에서 가만히 있을 것 같지 않다는 추측을 충분히 할 수 있었다. 그것 못지않게 중요한 게 또 있었다. 군은 다른 어느 쪽보다도 나름대로 엘리트 의식이 강할 수 있었다. 무슨 말인고 하니, 군에서 어지간한 장교는 전부 미국 가서 훈련을 받았다.

미국이 한국에 와서 군사령부를 설치하고 제일 먼저 한 게 군

---

* 1950년대 미국 잉여 농산물을 비롯한 원조 물자를 판매한 대금의 상당 부분은 군사비로 쓰였다.

사영어학교(1945.12~1946.4)를 세운 것이었다. 이 군사영어학교 출신들이 1960년대에서 1970년대 초까지 최고급 장교를 다 차지하다시피 한다. 국방경비대(국군의 전신) 장교도 미국이 다 새로 선발한다. 통신 부대, 공병 부대, 포병 부대 같은 것도 다 미국이 만들고, 그러면서 한국 장교들에게 특수 훈련 같은 것을 시킨다. 그러다가 1948년부터는 미국으로 보낸다. 1948년 8월에 군번이 굉장히 빠른 이형근, 이한림 등 6명을 미국 육군 보병학교로 보내는 것이 그 시작이다. 그다음엔 정일권, 강문봉 같은 사람을 보내는데 양쪽 다 계급이 높았다.

1951년부터는 위탁 교육을 대규모로 하게 된다. 1952년 594명, 1953년 829명이 위탁 교육을 받으러 간다. 이런 식으로 막 늘어난다. 한 자료를 보면 1950년에서 1957년 사이에 육군에서 4,729명이 미국에서 위탁 교육 등을 받고, 해군이 920명, 공군이 1,503명 교육받은 것으로 돼 있다. 특히 공군은 장교가 거의 다 받다시피 한 모양이다. 그래서 3군을 합해 7,000여 명이라고 통계에 나와 있다. 또다른 자료를 보면 미국에서 교육을 받은 육군 장교가 1만여 명으로 나온다. 그 가운데 6,700명이 1951년에서 1961년 사이에 갔고, 나머지는 그 이후에 간 것으로 돼 있다.

5·16쿠데타의 주역인 박정희, 김종필도 다 미국 가서 교육을 받았다. 1979년 12·12쿠데타와 1980년 5·17쿠데타를 일으킨 전두환, 노태우도 1959년 대위 때 미국 가서 교육을 받았다. 쿠데타를 일으킨 사람 중 도미 교육을 안 받은 사람이 드물 정도다.

쿠데타 가능성을 예견한
콜론 보고서

── 제3세계 국가의 군인을 자국에 데려가 훈련시킨 후 이들을 활
용해 그 나라를 통제하는 건 미국의 전형적인 방식이다. 한국
뿐만 아니라 라틴아메리카 등에서 쿠데타를 일으킨 장교의 상
당수가 미국에서 훈련을 받은 건 잘 알려진 사실이다. 어쨌건
1940~1950년대에 미국 유학은 오늘날과는 그 의미가 달랐을
것 같다. 어떠했나.

당시 미국 유학이란 건 한국 사람들이 꿈꾸기 어려운 것이었
다. 큰 부자, 특권층이 아니면 미국 유학을 못 갔다. 군인들이 이렇
게 대거 갔다 왔다는 건 대단한 것이다. 관공리도 미국 연수를 시
키긴 했지만 그 숫자는 얼마 안 된다. 그런데 군인은 몇 천 명 수준
이었다. 더군다나 이들은 일사불란하게 움직이고 무기를 갖고 있는
사람들이다. 그래서 강한 엘리트 의식과 함께 정권을 넘볼 수 있는
힘을 갖고 있었다.

많은 사람이 한국에서 쿠데타가 일어날 것이라는 글을 쓸 때
인용하는 것이 유명한 콜론 보고서다. 미국 상원 외교위원회의 요
청으로 1959년 콜론 연구소에서 작성한 이 보고서를 보면 '미국의
대아시아 정책'이라는 제목 밑에 한국 관련 기사가 있는데, 이게
《사상계》 1960년 1월호에 실렸다.

── 이 보고서의 핵심은 무엇인가.

콜론 보고서에는 아주 중요한 말이 하나 있다. "하층 경제 계급 출신의 유망한 청년 장교가 한국에서 다수 생겼고, 이들은 특권적 관리나 정치가에게 분노를 품게 된다. 이것이 폭발할 우려도 있다." 아주 중요한 지적이다. 왜냐하면 육사를 비롯한 장교 학교에 가는 사람들 중엔 하층, 그러니까 경제적으로 불우하고 어려운 젊은이들이 아주 많았다. 야망을 품은 사람들도 상당수 있었다. 그러면서 특권층에 대해 불만이 있었고, 유복해서 일반 대학에 다니는 쪽에 대해 일종의 경쟁 의식, 비판 의식 같은 걸 갖고 그랬다.

보고서에는 이런 내용도 있다. "현재 한국에 커다란 정치적 신망이나 조직력을 가진 군인은 없다." 1950년대에는 정권의 도구에 지나지 않았기 때문이다. 이승만이나 이기붕이 그건 잘 조종했다. 그런데 이 부분 끄트머리에 "만일 정당 정부가 완전히 실패하면 언젠가 한 번은 군사 지배가 출현할 것이라는 것은 확실히 가능하다. 그러나 가까운 장래에 그것이 발생할 것 같지는 않다", 이렇게 돼 있다.

그와 함께 또 하나 중요한 말이 들어 있다. "한국의 지도자들은 한국이 반공 국가로 존재하는 한 한국에 무슨 사태가 벌어지든 미국인은 무관심하다고 지금 믿고 있다." 군인들이 쿠데타를 일으켜 반공을 더 강화하기만 해준다면 미국이 반대하지 않을 것이라는 생각을 한국인들은 하고 있다는 것이다.

《사상계》는 아주 인기 있는 잡지였고 많이 읽혔다. 일부 군인들은 이 보고서를 읽고 흥분했다고 한다. 자기들이 잘 모르던 이야기를 해줬기 때문이다. '그럼 우리가 한 번 해보자', 이런 생각을 갖게끔 했다고 회고록에 써놓은 것도 있더라.

장면 정부가 정군 안 해 쿠데타?
권력욕과 진급 문제가 직접적 원인

장면 정권과 5·16쿠데타, 다섯 번째 마당

김 덕 련 5·16쿠데타 하면 빼놓을 수 없는 이들이 육사 8기다. 이들은 왜 쿠데타를 모의한 것인가.

서 중 석 8기가 쿠데타를 모의한 핵심 세력이다. 그중에서도 8명이 핵심인데, 8기가 왜 쿠데타를 일으키려고 했느냐. 그것에 관해선 수많은 논문이 거의 같은 소리를 하고 있다. '불우한 하층 출신으로 특권층에 대한 불만이 컸다', 이런 것도 작용했지만 부패한 군 상층부에 대한 불만이 있었다. 1960년 3·15 부정 선거에 송요찬 육군 참모총장이 적극 개입해 부정 선거를 진두지휘했고 많은 군 수뇌부가 그것에 가담한 건 사실이다. 이런 걸 포함해 상층의 부패에 불만이 많았고 이를 거세해야 한다고 봤다. 군 상층부를 바로잡자고 한 게 바로 정군 운동이다.

　　그런 것과 결부해 많은 사람이 똑같이 지적하는 것이 있다. 육사 1~10기는 정규 사관학교 교육을 제대로 받았다고 볼 수 없는 사람들이다. 몇 개월짜리들이 많다. 육사 11기가 나중에 12·12쿠데타를 일으킬 때 하는 이야기들이 있지 않나.[•] 하여튼 국방경비대 숫자를 늘리기 위해 많이 뽑아야 했기 때문에 육사 8기를 1200명 넘게 뽑았다. 이 사람들은 이전 기수보다 훈련도 길게(6개월) 받았는데, 이때 진급을 못하고 있었다. 5·16쿠데타가 날 때까지 극소수만 대령 진급을 했고, 좀 괜찮다고 하는 사람들 정도가 중령에 머무르고 있었다.

　● 육사 최초로 4년제 교육을 받은 11기는 '정규 육사 1기'라고 자부했다. 이는 선배 장교들이 받아들일 수 없는 주장이었다. 1955년 11기 임관을 앞두고 육군본부가 '정규 육사 1기 호칭을 쓰지 말라'고 지시하자 11기가 반발하는 일도 일어났다.

육군사관학교의 전신인 조선경비사관학교(왼쪽). 1948년에 육군사관학교로 이름을 바꾸었다
(오른쪽).

진급 적체와 정군 운동,
그리고 하극상 사건

— 요즘과 달리 장군들이 자신들과 비슷한 또래였으니, 시간이 지
나도 진급 적체 문제가 쉽게 풀리기 어렵다고 느꼈을 가능성
이 높아 보인다. 어떠했나.

이들에게 가장 큰 불만은 같은 또래에 별(장군)들이 수두룩했
다는 점이다. 별 세 개, 별 두 개, 이런 사람들이 많았다. 무슨 얘기
냐 하면 육사 1기부터 7기까지는 8기와 나이 차가 별로 나지 않는
다. 그리고 미군이 우리 군을 육성할 때 독립군은 처음부터 거의 배
제했다. 광복군 출신, 독립군 출신은 소수만 들어와 있었다. 만주군
을 포함한 일본군 출신 위세가 하도 커서, 광복군 출신이라는 것도
한때는 숨겨야 했던 참 비극적인 얘기도 전해지고 있다.
우리 군은 정부와 다른 점이 있다. 헌법에 명백히 대한민국 정
부는 임시정부 법통을 이어받은 걸로 돼 있는데 군은 그런 게 없다.

광복군을 이어받았다는 게 안 나온다. 어떤 육사 책에는 군사영어학교가 모태라고도 쓰여 있었다. 어쨌든 만주군관학교, 일본 육사 출신이 주력이었다. 대부분을 차지하고 있었다. 그것도 중좌(중령) 이상은 거의 쓰지 않았다. 나이 먹은 일본군은 말을 잘 안 들을 수 있지 않나. 그러니까 20대인 대위 이하, 일본군일 때 그런 계급장을 달고 있던 사람들을 군사영어학교에서 주로 받아들였다. 그래서 장군들이 굉장히 젊었다. 지금 기준으로 보면 세상에 어떻게 저런 나이 어린 장군들이 있나 하는 생각이 들 정도다.

군번 1번에서 100번, 주로 군사영어학교를 나온 사람들인데 그 가운데 74명을 조사한 연구가 있다. 언제 준장이 됐는지 봤더니 25~29세 사이가 35명, 47.3퍼센트였다. 20대 후반이 거의 반절을 차지했다. 30~34세가 29명으로 39.2퍼센트다. 양자를 합치면 86퍼센트가 넘는다. 그러니 34세 이하의 군번 1~100번은 거의 다 준장이 돼버린 것이다. 전 세계에 이런 일은 없을 것이다. 나폴레옹은 20대에 장군이 됐지만, 한국 같은 사례는 어느 역사를 훑어보더라도 전 세계에 별로 없는 일이다.

─── 30대 대장도 여럿이지 않았나.

정일권, 만주군관학교를 나와 만주군에서 헌병 대위로까지 출세한 사람이다. 만주군이 자랑하던 총아였다. 이 사람은 33세이던 1950년 육해공 3군 총사령관과 육군 참모총장으로 임명됐다. 별 네개(대장)를 단 건 37세 때다. 군번 1번으로 유명한 이형근, 이 사람은 34세 때 대장이 됐다. 육군 참모총장이 된 건 36세 때다.

백선엽도 마찬가지다. 근래 김효순 기자의 《간도특설대》에서 백선엽 장군에 대해 두 가지 중요한 사실이 새로 밝혀졌다. 하나는 이 사람이 간도 지방 헌병 중위였다는 것이다. 간도특설대에만 있었던 것이 아니라, 당시 헌병이 맡았던 역할을 생각하면 헌병 중위였다는 건 중요하다. 헌병 장교가 된다는 게 보통 어려운 일이 아니지 않았나. 그리고 이 사람이 시라카와白川義則(백천의칙, 시라카와 요시노리)로 창씨개명을 했다고 나온다. 윤봉길 의사가 1932년 거사했을 때 폭탄을 던져 중상을 입혀 죽인 상하이 파견 일본군 사령관(대장), 그러니까 중국 침략을 대표하는 인물이 시라카와다. 이 사람과 같은 이름을 썼다고 김효순 기자의 책에 나온다. 윤봉길 의사 거사와 관련된, 중국 침략의 상징적인 인물 이름이 그렇게 나와서 정말 놀랐다. 하여튼 백선엽은 우리나라에서 제일 먼저 대장이 된 사람이다. 정일권이나 이형근보다 먼저 됐는데 그때 나이가 33세다. 야전에서 혁혁한 공을 세우지 않았나.

1950년대에 4성 장군이 된 세 사람은 미군과 가까웠다. 육군의 양대 산맥이던 만군계(만주군 계열)와 일군계(일본군 계열) 중 만군계의 선두에 서 있던, 한국인으로서 보기 드물게 만주군 헌병 장교였던 백선엽과 정일권은 미군과 관계가 각별히 깊었다. 일본군 대위였고 일군계의 대표 격이었던 군번 1번 이형근은 최초의 미국 유학 장교로 주미 대사관 무관으로 근무했다.

—— 5·16쿠데타의 주역들도 오늘날과 비교하면 계급에 비해 젊지 않았나.

5·16쿠데타 후 군사 정권을 쥐락펴락한 사람들을 보면 나이가 아주 어리다. 당시 육군 참모총장 그리고 계엄사령관, 이 두 개

가 가장 중요한 직위인데 장도영이 이걸 맡고 있었다. 거기에다 내각 수반과 국방부 장관도 지내게 된다. 이렇게 최고 직위를 다 차지할 때 38세였다. 박정희는 만주군관학교에 늦게 들어갔다. 그래서 나이가 아주 많은 편이라 44세였다. 이주일(만주군관학교 1기, 쿠데타 당시 2군 사령부 참모장)도 박정희처럼 늦게 만주군관학교에 들어갔다. 43세였다.

그러나 쿠데타 주모자로 얘기되는 김종필은 35세, 똑같이 정보 장교로서 쿠데타를 주도한 김형욱은 36세에 불과했다. 해병대 원로로 돼 있고 최고회의 재정경제위원장을 지내는 김동하 예비역 소장도 41세였다. 김윤근 준장, 해병을 이끌고 온 이 사람도 35세였다. 6관구 참모장으로서 쿠데타에서 아주 중요한 역할을 한 김재춘 대령은 34세밖에 안 됐다. 포병을 이끌고 온 문재준 대령, 이 사람도 35세에 불과했다. 심지어 박종규, 나중에 경호실장을 굉장히 오랫동안 했고 박정희 정권의 실력자였던 이 사람은 31세로 소령이었다. 쿠데타가 났을 때 박종규와 함께 박정희 옆에 서 있던 차지철 대위는 27세였다.

쿠데타 며칠 후 바로 내각이 출범하는데 장관이 전부 군인이었다. 그 장관들 나이를 보면, 서른서너 살에서 마흔한두 살 사이에 거의 전부가 들어 있었다. 좋게 말하면 세대교체라고 할는지도 모르지만, 엄청나게 젊은 군인들이 국가를 쥐락펴락하게 된 것이다.

하여튼 여기서 나뿐만 아니라 많은 사람이 지적하는 것은, 육사 8기와 나이가 비슷한 이들이 장군도 되고 그럴 때 육사 8기는 진급이 안 됐다는 것이다. 또 육사 8기는 숫자가 많아 아주 두터운 층을 갖고 있었다. 그래서 육사 8기가 쿠데타에 앞장설 수 있었다고 얘기한다.

1962년 7월 김포공항에서 김종필 중앙정보부 부장(왼쪽)이 유럽 순방을 마치고 귀국한 김형욱 최고회의 위원을 반갑게 맞이하고 있다. 두 사람은 육사 8기 동기로 5·16쿠데타의 주역이었다. 사진 출처: 국가기록원

—— 육사 8기는 쿠데타 전 어떤 식으로 정군 운동을 벌였나.

정군 운동은 육사 8기를 중심으로 일어난다. 1960년 5월 8일 김형욱, 길재호, 김종필 등 8기생 중령 8명이 유명한 '정군 건의 연판장을 제출하자', 여기에 합의하면서 시작된다. 이 사람들은 체포됐는데, 물러나라는 정군 운동의 첫 번째 대상이던 송요찬 참모총장의 훈시를 받고 석방됐다. 그러고 나서 송요찬은 바로 사임했다. 더는 있을 수 없다고 생각했을 것이다.

여기서 일단락된 게 아니라, 민주당 정권이 출범하자 또 바로 정군 운동을 벌였다. 민주당 정권은 1960년 8월 23일에 출범했는데, 8월 29일 정군 대상으로 8기생들이 손꼽던 최영희가 연합참모본부 총장으로 임명됐다. 지금의 합참의장 비슷한 건데 아무런 실권이 없었다. 이 사람 초청으로 미국 국방성 군사원조계획국장인 윌리스턴 파머 대장이 한국에 왔는데, 한국을 떠나면서 '젊은 장교들이 무엄하게 하극상 비슷한 걸 벌이고 있다'는 정군 반대 성명을 냈다.*

이것에 8기생을 중심으로 한 중령들이 반발했다. 중령 16명이 최영희 총장을 방문해 성명에 대한 해명을 요구하면서 '당신 사퇴하라', 이렇게 나왔다. 이 사람들은 징계위원회에 회부됐고, 나중에 김종필과 석정선 두 중령은 예편됐다(하극상 사건).

정군 위해 쿠데타?
권력욕과 진급 문제가 직접적 요인

— 이 과정에서 육사 8기는 쿠데타를 결의했다. 일각에서는 평화적인 정군 시도가 충분한 성과를 거두지 못하는 상황에서 무력을 동원해 '혁명'(쿠데타)을 할 수밖에 없었다는 주장도 나온다. 이런 주장, 어떻게 보나.

---

* 파머는 9월 20일 "한국군은 젊은 장교들의 선동으로 고위 지휘관들이 사소한 문제로 인해 불안에 사로잡힌 인상"이라면서 "유능한 장성들에게 압력을 가해 예편하게 하는 일은 없어져야 할 것"이라는 성명을 발표했다. 그다음 날 미군 태평양 지구 지상군 사령관도 "한국의 정군은 신중을 기해야 할 것"이라고 말했다.

9월 10일, 그러니까 장면 정권 출범 18일 후였다. 김종필을 비롯한 이들이 현석호 국방부 장관을 면담하러 갔는데 현 장관이 마침 자리에 없었다. 그날 밤 충무장이란 데서 김종필, 김형욱 등 9명이 모였다. 자료에 따라 조금 다르게 나오는 데도 있긴 한데, 어쨌건 이 사람들이 쿠데타를 결의해버렸다. 총무 김종필, 정보 김형욱, 인사 오치성 이런 식으로 자기들끼리 쿠데타 부서까지 정했다.

이게 명분이 있는 건가. 나중에 쿠데타 권력은 '장면 정부가 무능하고 부패했다', 이런 소리를 하면서 쿠데타 명분으로 그걸 강조했다. 아, 장면 정부가 무능하고 부패한 걸 알려면 그래도 몇 달은 지나야 하는 것 아닌가. 18일밖에 안 된 정부를 뒤집어엎으려는 모의를 했다는 건 도대체가 말이 안 된다.

'정군이 안 돼서 쿠데타를 했다', 이렇게 주장하는지도 모르겠다. 그런데 그것도 말이 안 되는 것이, 장면 정부가 정군에 찬동하고 나섰다. 그전에 선거에서 군이 부정부패한 짓을 하는 걸 많이 봤고, 자유당 선거 자금의 가장 큰 몫이 군에서 나왔기 때문이다. 돈이 없던 때여서 선거 자금을 갹출할 데가 별로 없었다. 제일 큰 건 미국으로부터 원조를 많이 받는 군이었다. 장면 정부도 그런 걸 모르지 않았고 '군이 문제다', 이 점을 잘 알고 있었다.

— 군의 그러한 문제를 해결하기 위해 장면 정부는 어떤 일을 했나.

장면 정부는 출범하면서 두 가지를 추진했다. 하나는 감군, 또 하나는 정군이었다. 민주당은 20만 감군 계획을 갖고 있었고 1960

년 7·29선거 때 감군을 공약으로 내걸었다. 그런데 그게 장면 정부
가 출범할 무렵 '10만 명 정도 감군', 출범 직후엔 '5만 명 정도 감
군'으로 팍팍 줄어들었다. 감군을 생각한 이유 중 하나는 '군 자체
가 너무 많다'는 것이었다. 이것도 문제였지만 가장 큰 이유는 경제
개발을 위해서였다. '미국 원조의 대부분이 군으로 들어가니 군을
대폭 줄여 그 재원을 경제 개발 자금으로 돌려야겠다', 장면 정부는
이렇게 생각했다.

　밥줄이 걸린 군이 반대하는 건 당연한데, 미국이 반대하면 장
면 정권으로선 꼼짝 못할 수밖에 없었다. 그런데 미국이 강력하게
반대했다. 그래서 감군 규모가 5만으로 줄었다가 그것도 또 줄어서
1960년 12월 27일 중사에서 대령까지 직업 군인 1534명의 전역식
을 치르는 정도로 일단락을 지었다.

　이것 하나 줄이는데도 서울에서 거부 소동이 나고 그랬다. 120
명이 '생활을 보장하라'고 요구했다. 그때는 군인 생활 보장이 안
되던 때였다. 이런 걸 잘해놓은 건 박정희 정권이다. 박정희 정권은
생활 보장을 포함해 군인들 대우를 잘해줬다. 하여튼 장면 정부가
감군 노력은 하려 했지만 태산명동서일필泰山鳴動鼠一匹이 돼버렸다.

── 정군을 위해서는 어떤 노력을 했나.

　장면 정부가 정군도 처음엔 상당히 의욕적으로 했다. 그래서
육군 참모총장에 누굴 앉혔냐 하면 청렴하고 강직하기로 세상에서
'누가 봐도 그 사람이다' 할 인물인 최경록 장군을 딱 앉혔다. 최 장
군은 헌병사령관으로서 거창 양민 학살 사건(1951년)이 세상에 알려
지게 하는 데 중요한 역할을 한 사람이다. 정군을 적극 지지하는 사

람이니까 육군 참모총장에 앉혀놨는데, 최경록 장군은 미국하고 정면으로 붙기 시작했다. 내가 알기로 우리 군 역사상 지금까지 장성 중에서 미국하고 맞붙은 건 이 사람 한 명이다. 그래서 민족주의 장군이라고 불린다.

파머가 정군 반대 성명을 내니까, 최경록 참모총장이 바로 "이는 명백히 주권 국가에 대한 내정 간섭이다", 이렇게 나왔다. 지금 보면 당연한 소리다. 그런데 그 당시 많았던 친일파·친미파로서는 꿈도 못 꾸는 이야기였다. 하여튼 파머 대장의 담화에 최 총장은 한 걸음 더 나가버렸다. 사대주의 사상에 젖은 일부 몰지각한 장교들이 연명책을 위해 파머에게 정보를 잘못 제공했기 때문에 그런 얘기가 나왔다면서 수뇌부 전체를 걸고넘어진 것이다. 참 대단하다. 그러면서 그와 같은 몰지각한 장교들을 단호히 축출하겠다, 이렇게 나왔다. 그러자 매그루더 주한 미군 사령관이 '파머 대장과 내 생각은 똑같다'며 이걸 또 반박하고 나섰다.[*] 이러니 최경록 장군이 친미적인 장면 정부에서 참모총장을 오래 해 먹기는 틀린 것이다.

그러니까 '정군을 안 하기 때문에 장면 정권을 축출하겠다', 쿠데타 주모자들이 이렇게 주장한 건 말이 안 되는 억지소리다. 물론 장면 정권은 미국이 반발하니까 나중에 꼬리를 내렸지만, 그때는 쿠데타 준비가 상당히 진척돼 있을 때였다. 정군 문제는 쿠데타 명분이 전혀 될 수 없었다. 그러니 쿠데타를 일으키려 한 사람들의 권력욕, 진급하지 못한 것에 대한 불만, 이런 현실적인 문제가 가장 직접적인 요인이 아니었느냐, 그렇게 볼 수밖에 없다.

● 매그루더가 9월 22일 "건설적인 충고는 미국의 의무"라며 파머를 지지하자, 최경록은 "자리를 걸고 정군하겠다"고 받아쳤다.

쿠데타에 꽂힌 박정희,
총으로 시작해 총으로 끝났다

── 쿠데타를 결의한 육사 8기는 박정희 장군을 지도자로 추대한
다. 박정희는 그 이전부터 쿠데타에 관심을 보인 것으로 알려
져 있는데, 언제부터 그랬던 것인가.

쿠데타 주모자들은 1960년 11월 9일 신당동에 있던 박정희 집
에 모여 '박정희를 지도자로 모시고 계획을 진전시키자', 이렇게 합
의를 봤다. 그러나 몇 사람이 비밀히 합의를 본 것이 아니었을까 하
는 생각이 든다. 몇 년 전에 김종필을 인터뷰한 글을 보면(조선일보
2011년 5월 12일 자), 1961년 4월 7일 모의에 참가한 자 29명이 서울 충
무로에 있는 한 건물에 모였는데, 그 자리에 박정희를 데려가 '이분
이 지도자'라고 말했다고 한다. 또 김종필은 박정희만 지도자로 모
시려고 한 것이 아니라 족청(조선민족청년단)의 박병권 장군도 지도자
로 논의가 됐는데 당시 서울에 와 있던 미국 CIA의 크레퍼(가명) 대
령이 족청과 먼저 손을 잡았다고 말하면서, 그 무렵 족청 쪽도 상당
히 활발하게 움직였다고 주장했다. 박병권 장군 본인에게 직접 제
안하지는 않았다고 한다.

박정희가 그전부터 쿠데타를 여러 번 생각했다고 써놓은 글이
여기저기 많다. 그 부분에 대해서도 조금 생각은 해야 할 것 같다.
1952년 7월 이종찬 육군 참모총장이 교체됐다. 그때 박정희는 육군
본부 작전교육국 차장으로 이종찬 밑에 있었는데, 이종찬에게 편지
를 썼다. '각하께서 결단을 내릴 것을 기대했는데 이제 떠나는군요',
이런 식으로 썼다. 그런 걸 보면 박정희란 사람이 쿠데타에 관심이

육본 작전교육국 근무 시절 이용문(왼쪽)과 박정희. 박정희는 이용문을 추앙했다고 한다.

많았다는 건 사실이다.

어느 글에서든 쿠데타 시작은 이용문 준장과 관련해 이야기가 나온다. 이용문 준장은 이종찬이 1951년 참모총장이 된 후 육군본부 정보국장으로 기용한 사람이다.° 일본 육사 50기로, '정일권이나 백선엽이 만주군에서 날렸다면 이용문은 일본군에서 제일 잘나갔다. 대단한 선망의 대상이 됐었다. 한국인으로 이렇게 잘나가기가 어렵다', 이런 얘기를 듣던 사람이다.

—— 이용문의 큰아들이 이건개 전 의원이다. 박정희 정권 때인

● 1952년 이종찬이 해임될 때 이용문은 작전교육국장으로서 박정희의 직속상관이었다.

1966년 검사가 된 이 전 의원은 얼마 후 청와대 비서관으로 발탁되고, 30세이던 1971년에는 최연소 서울시경국장이 됐다. 이 전 의원은 2012년 대선 때 무소속 출마를 선언했다가 박근혜 후보 지지 의사를 밝히고 사퇴해 눈길을 끌었다. 어쨌건 박정희에게 이용문은 어떤 존재였나.

박정희가 존경했다고 할까, 추앙한 사람으로 이용문하고 이종찬 이 두 사람을 꼽고 있다. 이용문은 1952년 5월 10일경 장면 제2대 국무총리의 비서실장이던 선우종원한테 쿠데타를 제의했다고 한다.* '장 박사를 대통령으로 추대하자'는 것이었다. 이승만 박사는 어떻게 해야 하느냐고 선우종원이 물어보니까, 이용문이 '죽여야지'라고 대답한 것으로 돼 있다.

당시 '이승만을 축출하고 장면을 모시자'며 장면을 추대하려 한 다른 세력도 국회 내에 있었다. 상당히 유력한 세력이 많았다. 초대 주미 대사였던 장면을 미국이 키워준다고도 생각했다.

이승만 대통령은 국회에서 자신이 대통령으로 선출될 것 같지 않으니까 직선제로 헌법을 바꾸려고 땃벌떼, 백골단, 민중자결단 같은 걸 동원했다. 그러자 전쟁을 수행하던 미 8군 사령관 제임스 밴플리트도 이 대통령한테 한때는 좀 비판적이고 그랬다. 밴플리트와 이승만은 나중에 아주 가까운 사이가 된다. 하여튼 '이 쿠데타는 이종찬 참모총장이 알고 있었고 밴플리트의 묵계도 받아뒀다', 이렇게 선우종원의 글에는 나와 있는데 이게 어느 정도 맞는지는 잘 알 수가 없다.

● 장면은 그 직전인 1952년 4월 국무총리에서 해임됐다.

그해 5월 25일 드디어 계엄이 부산 등지에 선포된다. 그때 이종찬은 부산에 군대를 보내라는 대통령의 명령을 거부했다. 그때부터 이종찬의 명성이 높아진다. 지금까지도 우리 군에서 제일 존경받는 사람으로 알려져 있지 않나. 박정희와는 정반대로 정치 개입을 적극 반대한 사람이다. 어쨌건 그러면서 할 수 없이 이승만이 원용덕 헌병 총사령관을 계엄사령관으로 임명한다. 이때 부산의 계엄령을 무효화하기 위해 병력을 파견하는 것을 이용문 쪽에서 추진했다고 한다. 그런데 결국은 미국이 동의하지 않고 해서 구상 단계에서 끝났다고 돼 있다. 이때 박정희는 이용문에게 적극 협력해 쿠데타에 가담하려 했을 것이라고 다들 본다. 이게 첫 번째 쿠데타와 관련된 얘기다.

— 4월혁명이 일어난 1960년에 박정희는 다시 쿠데타를 모의한다. 이듬해 5·16쿠데타까지 넣고 생각하면 당시 박정희는 시쳇말로 쿠데타에 꽂혔다고 해도 지나치지 않을 것 같다. 그렇게 해서 총으로 권력을 잡은 박정희는 1979년 부하의 총에 맞아 권좌에서 내려온다. 한마디로 총으로 시작해 총으로 끝난 권력이었다. 다시 돌아오면, 1960년 박정희 쪽에서 세웠다는 쿠데타 계획, 그 내용은 어떠했나.

1960년에는 박정희가 직접 쿠데타 일선에 나서는 것으로 알려져 있다. 1960년 1월 송요찬 참모총장이 부산 군수기지사령관이라는 상당히 좋은 자리로 박정희를 보내준다. 박정희는 송요찬 총장의 덕을 많이 본 걸로 여러 군데에 나온다. 부산 군수기지사령관으로 오면서 박정희 소장은 포항의 해병 제1상륙사단장인 김동하 소장, 안동의 제36사단장 윤태일 준장, 그리고 유원식 대령 등 여러 사람을 만나 거사를 논의하고 군 동원 계획도 세웠다고 그런다.

이 쿠데타는 4·19가 나서 중지했다고 돼 있는데, 설령 4월혁명이 일어나지 않았다고 하더라도 도저히 성공할 수 없었을 것이라고 본다. 이 사람들이 세웠다는 계획표만 보면 그런 판단이 든다. 왜냐하면 이 사람들이 동원하겠다던 군이 부산, 포항, 안동, 이렇게 기본적으로 영남에 있었다. 서울에서는 최주종 준장, 유원식 대령 이런 사람들이 책임지기로 했고, 김종필 회고에 따르면 김종필은 결사대를 조직해 활약하기로 했다고 돼 있다.[•] 다시 말하면 서울에선 실질적인 군 동원 계획을 안 세운 것이다. 김종필이 결사대를 한다고 해도 그게 얼마나 활약을 했겠는가. 한국에서는 모든 중요한 것이 서울에서 결정된다. 영남에서 쿠데타를 일으키려고 해봤자, 서울에서 지시 내려가면 그거 다 끝나는 거다. 그래서 송요찬 총장이 도미하면 5월 8일 거사하기로 했다고 하지만, 그러다 4·19 나서 중지했다고 하지만, 난 이 계획대로라면 도저히 현실성을 찾기가 어렵다고 본다.

허술한 보안, 소수의 병력, 그럼에도 나라 움켜쥔 쿠데타군

── 박정희는 5·16쿠데타 준비 과정에서 어떤 활동을 했나.

• 1962년 4월 25일 동아일보는 이때 김종필 중령의 임무가 서울에 있는 '동지'들과 협력해 요인要人 처리를 담당하는 것이었다고 보도했다.

앞에서 말한 것처럼, 김종필은 조선일보 2011년 5월 12일 자에 실린 인터뷰에서 1961년 4월 7일부터 박정희 소장이 본격적으로 개입했다고 분명하게 말했다. 이것으로 보아 박정희는 막판에 가서야 활동한 것으로 보인다. 이 인터뷰에서 "'박정희는 떠받들어졌다. 실제로 5·16을 기획하고 집행하고 성사시킨 사람은 김종필이다'라는 말도 있습니다"라는 질문에 김종필은 "이렇게 보시면 됩니다. '중앙 일은 네가 해라', 박 대통령이 그랬어요. '서울은 네가 맡아라. 네가 주가 되라. 나머지 외곽은 내가 하마. 이미 손써났다', 이것이 합쳐진 것이지요"라고 답했다. 핵심적인 일은 김종필이 다 했다는 것이다.

언제부터인지 시점이 명확하지 않지만, 아마도 4월 7일 이후겠지만, 박정희는 장경순, 한웅진, 채명신, 이주일, 최홍희 장군 등을 포섭한다. 그런데 박정희의 최대 공로는 장도영에게 접근한 데 있다.

박정희가 제일 은혜를 많이 입은 게 장도영인데, 장도영이 1961년 2월 참모총장이 돼버렸다. 그런 장도영으로 하여금 애매하게 이중적 태도를 취하게끔 만들었다. 장도영이 쿠데타를 직접 지원한 건 아니지만 애매한 태도를 갖게 하는 데는 박정희가 가까운 사람이었다는 게 작용했다. 장도영이 2군 사령관일 때 박정희는 바로 그 부사령관으로 있었다. 이 점에서 박정희는 쿠데타에서 제일 중요한 일을 해내지 않았느냐고 볼 수도 있다. 참모총장이 쿠데타 문제에서 가장 중요한 위치에 있을 수 있는 건데, 그 참모총장이 양다리를 걸치게 해놨다는 점에선 박정희의 공로가 크다고 볼 수 있다.

— 박정희 관련 자료를 보다보면 한 방에 나라를 뒤집는 쿠데타를 빼놓고는 이 사람의 인생을 설명할 수 없는 것 아닌가 하는 생각이 든다. 1950년대 이후 거듭된 쿠데타 관련 움직임뿐만 아니라, 박정희가 1930년대 군국주의 성향 일본 장교들의 쿠데타를 매우 우호적으로 바라봤다는 점에서도 그러하다. 집권 후 친위 쿠데타(1972년 유신 쿠데타)를 일으킨 것도 빼놓을 수 없다. 다시 돌아오면, 박정희를 지도자로 추대한 후 5·16쿠데타 세력은 어떤 모습을 보이나.

1961년 3월 들어 움직임이 구체화된다. 장도영을 포섭하려고 박정희가 접근하는 건 주로 그 이후다. 4월 7일에 가면 4·19 날로 확정했다고 그 사람들이 쓴 자료에 나온다. 4·19 1년을 맞아 데모가 많이 일어나면 폭동으로 연결될 것이고 이때 정부는 제대로 진압을 못할 것이니 군대를 풀면 자신들이 진압을 명목으로 서울을 장악한다, 이렇게 돼 있다.

쿠데타 세력의 일원이던 이종태의 회고 같은 걸 보면, 이종태 대령이 시위를 선동하려고 학생들을 그렇게 쑤시고 다녔다고 한다. 학생들 쪽에서도 '우리한테 데모하라고 여러 사람이 쑤시고 다녔다', 이런 기록이 나온다. 한두 사람이 한 게 아니었던 거다. 다 알다시피 4·19 1주년에 대학생들은 침묵시위를 한다. 쿠데타가 일어날 것 같은데 그것에 빌미를 줘서는 안 된다고 해서 조용히 선언문만 발표하고 간단한 침묵시위를 하는 걸로 끝냈다.

그러면 4·19 때까지만 하더라도 과연 제대로 쿠데타 계획이 섰느냐? 이건 잘 알 수가 없다. 그 후 날짜를 5월 12일로 다시 잡았다. 이때는 이종태 대령이 부주의하게 어떤 중령한테 얘기했는데,

1961년 5월 17일 자 동아일보 1면. '16일 새벽, 군 쿠데타 발생'이라는 제목 아래 장도영, 박정희, 김윤근의 사진을 실었다.

이 사람이 서울 지구 방첩대장에게 밀고를 해버렸다. 이게 육군 방첩대장에게 보고돼서 참모총장한테 갔다. 그런데 참모총장이 그 선에서 끝내버렸다. 더 올라가지 않았다. 어쨌건 주모자들은 '이건 안 되겠다', 이래서 일단 중단했다. 그러면서 5월 16일 오전 3시를 거사일로 잡았다.

── 군대를 움직이기 직전에 또 쿠데타 정보가 새지 않나.

거사를 몇 시간 앞둔 5월 15일 저녁, 30사단의 두 대령이 배신하고 사단장인 이상국 준장한테 밀고를 해버렸다. 그래서 어떻게 할 것인가 하는 기로에서 박정희 소장이 자정 무렵 김재춘 참모장이 기다리고 있는 6관구 사령부에 들어갔다. 김재춘 회고록에 자세히 나오지 않나. 그런데 그 회고록에는 '박정희가 머뭇거렸다', 이렇게 나온다. 어쨌든 '거사를 하자'고 결단을 내린다. 그래서 군이 움직이기 시작한다.

봉화 작전이라고 하는데, 제일 먼저 노량진에서 용산으로 나 있는 한강 인도교에서 해병대가 헌병대와 맞붙는다. 그게 5월 16일 오전 2시가 조금 못 됐을 때다. 오전 2시쯤 장도영 참모총장이 전화로 장면 총리한테 피신하라고 말했다. 장 총리가 허겁지겁 피신했는데, 어떤 데에는 그게 군 행동대가 오기 10분 전이라고 쓰여 있고 다른 데에는 15분 전이라고 쓰여 있다. 오전 3시 30분경, 쿠데타군이 육군본부를 드디어 점령한 걸로 돼 있다. 오전 4시 30분경, KBS 라디오에서 '혁명 공약'이 방송된다.

이때 동원된 병력은 자료에 따라 조금씩 차이는 나지만 해병대 1,000명, 포병단 1,000명, 공수단 500여 명, 육군 1,000여 명 해서 3,600명이라는 설이 강하다. 3,400명이라는 설도 있다. 어느 쪽이든 3,000명이 약간 넘었는데, 군대 숫자로만 따지면 정말 적다고 얘기할 수 있다.

박정희의 '혁명 이념', 식민 사관과 한국적 민주주의

장면 정권과 5·16쿠데타, 여섯 번째 마당

김 덕 련 5·16쿠데타 주도 세력은 정권을 잡은 후 '혁명 이념'이라는 것을 강조했다. 그런데 이들이 명확한 이념을 갖고 쿠데타를 일으켰다고 보기 어렵다는 지적도 있다. 어떻게 보나.

서 중 석 5·16쿠데타를 일으킨 소위 주체 세력이라고 하는 사람들의 정치적 이념이 뭐냐에 대해 써놓은 책이 사실상 거의 없다. 쿠데타를 시작한 것이 1960년 9월(충무장에서 쿠데타 결의)이라고 한다면 1961년 5월에 이르기까지 자기들끼리 세미나 같은 것을 하면서 '이렇게 정권이 잘못됐고 사회가 잘못 돌아가고 있으니까 이런 나라, 이런 사회를 만들어보자', 이와 같은 구체적 논의를 했을 법한데 그런 게 나오지 않는다. 쿠데타 이전 정군 운동 과정에서도 그렇고 정군 과정 이전에도 그러한 작업을 했다는 기록이 나오지 않는다.

이집트의 나세르 쿠데타(1952년) 같은 걸 보면 어떤 국가를 만들 것인가에 대해 장교들끼리 상당히 오랫동안 숙의한다. 그러면서 아주 강한 반제 민족주의 성향을 보인다. 5·16쿠데타는 북아프리카나 중동 지방에서 그 당시에 있었던 쿠데타 유형들하고는 상당한 거리가 있었다. 중남미형 쿠데타, 그야말로 정권을 잡고 진보 세력을 치기 위한 반혁명적 쿠데타에 더 가까운 것이 아닌가 하는 생각을 갖게 한다.

쿠데타를 기획한 육사 8기생들이건, 행동대 그러니까 군을 이끌고 온 육사 5기생들이건 이 사람들에게 극우 반공주의, "반공 체제를 재정비·강화"한다는 '혁명 공약' 1번, 그걸 빼면 공통되는 이념이 정말 뭐가 있을까 하는 생각이 든다. 물론 권력욕, 이것도 이 사람들에게 공통적이기는 하다. 이런 걸 빼면 중요한 동기라고 할까, 어떤 나라를 세우려고 한다든가 하는 것이 불분명하다. 반공을

1961년 6월 한 군인이 5·16군사혁명 기념비에 새겨진 '혁명 공약'을 탁본하고 있다. 쿠데타 세력은 '혁명 공약' 1번인 반공을 제외하면 무無이데올로기에 가까웠다. 사진 출처: 국가기록원

제외하면 무無이데올로기에 가까운 것 아닌가 하는 생각이 든다.

난 이승만 대통령도 마찬가지라고 본다. 반공을 빼면 그분도 어떤 국가를 만들려고 했는가 하는 게 불분명하다. 그 양반에 관한 자료를 참 많이 읽었는데, 아무리 읽어봐도 그분이 어떤 사회, 어떤 국가를 만들려고 하는가가 잘 나오지 않는다. 뻔한 얘기 빼놓고는 없다. 그러고는 요지부동, 처음부터 끝까지 똑같은 건 반공이다. 반공, 그건 분명하다.

쿠데타 직후 타율성론과
저열한 민족성론을 들고나온 박정희

—— 쿠데타 지도자인 박정희 소장은 어땠나.

제일 중요한 인물이 박정희라는 분인데, 그러면 이분은 뭘 좀 가지고 있었느냐. 이건 아주 중요하다. 쿠데타를 일으켰을 때 박정희 소장한테 정치 이념이란 것이 있었느냐. 이 점에 대해선 딱히 얘기하기가 좀 그렇다. 쿠데타 직전에 쓴 글을 지금까지 아무도 찾아내지 못한 것 같다. 쿠데타 직후에는 글이 몇 편 있다. 그러나 쿠데타 직후 쓴 글들에서 박정희의 정치 이념을 밝혀내기는 쉽지 않다. 그러면서도 그 글들을 보면 박정희의 성격이라고 할까 성향을 읽게 해주는 대목들이 있다. 박정희는 한국 사회를 극히 부정적으로, 그것도 단정적으로 보고 있었다. 예컨대 1961년 6월 16일 국가재건최고회의에서 발행한 박정희의《지도자 도道》16쪽을 보면 "민주주의는 모략, 중상, 무고로 타락해버렸다. …… 권력층은 …… 부패분자들과 결탁하여 거부를 축적하였고 경제인들은 정치인과 결탁하여 부정 융자, 탈세, 밀수, 재산의 해외 도피 등등 실로 악랄한 수단을 통하여 축재하는 데 혈안이 되어왔다. …… 우리 사회에는 정의와 인륜은 땅에 떨어지고 부패와 부정과 불의가 횡행하게 되어 만신창이, 생명을 유지하기 어려운 정도에 이르렀다"고 쓰여 있다.

그런데 쿠데타 이후 박정희가 쓴 글들을 보면 박정희의 정치 이념 또는 정치관을 형성하는 데 식민 사관이 바탕을 이루고 있었다는 것을 볼 수 있다. 방금 인용한《지도자 도》16쪽에서 "(한국인의) 대부분은 강력한 타율에 지배받던 습성이 제2 천성으로 변하여

1961년 5월 18일 육사 생도들의 쿠데타 지지 시가행진을 지켜보는 박정희. 일제 시기의 청년 장교들이 가졌던 군국주의, 국수주의나 군인 정신 같은 것을 제외하면 박정희 소장한테 과연 무엇이 있었을까.

자각, 자율, 책임감은 극도로 위축되어버렸다"고 지적했는데, 조금 뒤에 구체적으로 언급하겠지만, 박정희는 군정 시기, 민정 이양 시기에 쓴 글에서 타율성론하고 저열한 민족성론을 들고나왔다. 타율성론은 식민 사관에서 '우리가 옛날부터 다른 나라의 지배를 받아서 굴종적이다', 그런 얘기를 하는 것이다. 저열한 민족성론은 우리 민족이 식민지 근성이라든가 식민지 노예근성, 당파성, 아부와 굴종만 하고 자립성이 약한 근성을 가졌다고 주장하는 것 아닌가.

박정희 이분은 이런 생각을 강하게 갖고 있었다. 그러니까 박정희 소장에게서는 일제 식민 사관에 기반을 둔 저열한 민족성론, 식민지 노예근성을 고쳐야 한다는 주장, 극단적인 반공 노선 같은 것이 떠오른다. 혼란과 무질서를 물리력으로 뿌리 뽑겠다는 파시즘적 질서관, 그리고 일제 시기의 청년 장교들이 가졌던 군국주의, 국수주의나 군인 정신 같은 것도 조금은 엿볼 수 있지 않나 하는 생각이 든다. 아주 낡은, 시대착오적인 생각이라고 볼 수 있지만, 그것을 아주 강렬하고 과격하게, 단정적으로 표현하면, 일제 유산이 청산되지 못하고 비민주적·파쇼적 사고나 행태가 횡행하는 사회에서는 혁신적이거나 개혁적인 느낌을 갖거나 그것을 신선하고 민족적인 것처럼 받아들이는 사람들이 있을 수 있었다. 파시즘 이념이나 행동이 유럽에서 일부 층에 영향을 끼친 것처럼, 또 일제 군국주의 청년 장교들의 정치 이념이 상당수의 일본인들에게 영향을 끼친 것처럼 그럴 수 있었다. 어쨌건 구부러진, 기이한 '민족의식'이 당시 존재할 수 있었다는 점을 무시해서는 안 된다고 본다.

—— 이 시기 박정희의 생각을 살펴볼 수 있는 다른 자료로는 어떤 것이 있나.

이분이 쿠데타 직후의 생각을 드러낸 것은 국가재건최고회의에서 발행한 최고회의보라는 것을 통해서였다. 이걸 봐도 반공을 빼놓고는 별 내용이 없다. 창간호가 1961년 8월호라고 해서 나오는데 이걸 보면 '4·19 이후 반공 국시를 소홀히 하여 국가 존립의 위기를 자초했다'고 돼 있다. 장면 정권이 그렇게 했다는 주장이다. 1961년 10월호에는 '우리 민족의 활로'라는 글이 실려 있다. 난 여기에 이분의 '혁명 이념'이 들어 있지 않겠느냐고 생각했는데, 여기에도 아주 강한 반공 의식만 드러나 있다. '우리는 섣불리 통일을 서두름으로써 공산당의 계책에 빠져서는 안 된다.' 그러고는 투철한 민족정신을 가져야 한다고 돼 있는데, 글 자체에서는 이것('투철

한 민족정신')이 뭔지를 잘 알기가 어렵게 돼 있다.

그다음 최고회의보에는 '8.15 해방과 우리 민족'이란 제목의 글이 실려 있다. '국토 양단과 민족의 분열이라는 비극과 불행을 초래한 현실의 원인은 첫째로 두말할 것도 없이 우리 민족 자체에 있다.' 이것도 굉장히 놀라운 주장이다.

─ 어떤 면에서 그러한가.

1950년대에 나온 중요한 글들에는 대개 '우리나라가 분단된 건 미국과 소련이라는 외세에 의해서'라고 돼 있다. 그렇지 않으면, 순전히 소련의 흉모에 의해 그렇게 된 것이라는 식으로 소련한테만 책임을 물었다. 그런데 이 양반은 그게 아니라 '문제는 우리 민족 자체에 있다. 우리 민족성에 문제가 있어서 이런 일이 생긴 것이다'라는 쪽으로 간 것이다. 그런 점에서 식민 사관과 밀착된 주장일 수 있지만, 다른 사람들하고는 다른 자신의 독특한 주견을 편 것이다.

이 글의 뒤에 가면 이렇게 돼 있다. '지금 북한 땅은 소련 주구들에 의한 철저한 세뇌 교육으로 말미암아 민족의식은 거의 마비되어 가고 있다.' 여기서도 민족의식이 뭘 가리키는 건지 명확히 알 수는 없는데, 짐작이 조금 가는 점은 있다. 하여튼 강한 반공 의식을 드러내면서 민족정신, 민족의식이라는 말을 쓰는 정도임을 볼 수 있다.

이 양반은 1962년 11월호 최고회의보에 '임인년을 보내며'라는 글을 썼다. 여기에도 아주 강렬하게 장면 정부를 비난하는 이야기를 빼고는 별로 내용이 없다. '민주적 국시를 반역하여', 장면 정부가 그렇게 반역했다는 것이다. 장면 정부가 민주적 국시를 반역했다? 도무지 이해할 수 없는 말이다. '조국을 공산 괴뢰 집단에게 넘겨주고자 한 반국가 행위자'라고 장면 정부를 비난하면서 '이 정권을 심판해야 한다'고 나온다. 이게 무슨 정치 이념이 될 수도 없거니와 사실과는 너무나도 동떨어진 주장 아닌가.

유신 쿠데타 10년 전
이미 '한국적 민주주의' 공표

── 장면 정권은 4월혁명 후 치러진 선거를 통해 합법적으로 탄생했다. 또한 이승만 정권, 박정희 정권과 마찬가지로 반공을 중시했다. 그런 장면 정권을 '민주적 국시를 반역한 친북 반국가 행위자'로 몰아가는 건 억지 주장 아닌가.

이런 것들 말고도 이분 주장과 관련해 아주 중요한, 그래서 여러 책에서 인용되는 게 있다. 하나는 박정희 국가재건최고회의 의장이 직접 쓴 《우리 민족의 나갈 길》이고 또 하나는 소설가 이병주가 쓴 《대통령들의 초상》이다. 박정희는 1962년에 《우리 민족의 나갈 길》을 썼고 1963년에 《국가와 혁명과 나》라는 책을 썼다. 둘 다 여러 사람이 집필에 참여했다. 그렇긴 하더라도 박정희의 생각이 두 책에 상당히 들어 있어서, 박정희가 어떤 사람인가를 알게 하는 데 그 이후에 나온 책들보다는 이 두 권의 책이 특별히 유용하다.

《국가와 혁명과 나》는 선거의 해인 1963년에 나와서 그런지 박정희의 업적이라는 것이 많이 언급돼 있지만, 박정희의 사고를 이해하는 데 대단히 중요한 책이다. 어투조차 아주 투박하게 돼 있

박정희의 저서 《우리 민족의 나갈 길》, 《국가와 혁명과 나》. 박정희는 《우리 민족의 나갈 길》에서 '한국화된 민주주의'를 강조했다. '한국화된 민주주의'는 유신 시대에 그렇게 강조하는 '한국적 민주주의'와 다르지 않다.

는 게 바로 《우리 민족의 나갈 길》이다. 제목도 재미나지만 박정희이분의 생각이 잘 드러나 있는 게 이 책이라고 생각한다. 박정희는 '혁명 이념'이라는 말을 1960년대 내내 무척 많이 쓴다. 그걸 위해 5·16을 일으켰다는 것이다. 이 사람의 정치 이념 또는 '혁명 이념'을 제일 잘 알 수 있다면 이 두 권의 책이 아니겠는가 하는 생각이든다. 박정희 이분이 이것 이상으로 솔직하게 쓴 것은 없다.

── 《우리 민족의 나갈 길》에는 어떤 내용이 담겼나.

머리말을 보면 핵심은 두 가지다. 유신 체제와도 긴밀히 연결되는 부분이 있다. 하나는 민족성 이야기다. 머리말에 '첫째로 지난날 우리 민족사상에서 악의 유산을 반성하고', 이런 대목이 나온다. 나쁜 유산이 우리 민족사에 많았다는 것이다. 이 민족성 이야기는 유신 체제에서는 많이 안 나오지만, 일제 때 친일파와 일본 관학자들이 많이 주장한 것이다. 계속해서 머리말을 보자. '악의 유산을 반성하고'에 이어서 '이조 당쟁사, 일제 식민지 노예근성 등을 깨끗이 청산하여 건전한 국민도國民道를 확립하는 일이다. 인간이 혁명되지 않고서는 사회 재건은 불가능하다'고 쓰여 있다. 이 사람한테 혁명은 이것이더라. 인간 혁명이 있지 않고서는 사회 재건은 불가능하다는 주장도 오해하기 쉬운데, '인간 혁명'이나 '사회 재건'은 당쟁이나 식민지 노예근성과 연결돼 있다는 점에서 다른 사람의 주장과 차이가 난다는 것에 주목할 필요가 있다.

그것에 이어 본문에는 우리 민족이 얼마나 당쟁이라든가 식민지 노예근성 같은 나쁜 민족성을 가지고 있는가 하는 이야기가 자세하게 나온다. '이러이러한 것들이 일제의 식민 사관이다'라고 우리가 학생들에게 많이 가르쳤던 그런 사항이 아주 많이 들어 있다. 식민 사관은 '한국인은 역사로 보거나 민족성으로 보거나 독립할 수 있는 능력이나 자격이 없다'는 점을 누누이 강조하는 주장 아닌가. 일제가 그런 식민 사관을 유포해 한국인의 독립 정신, 민족의식을 약화시키거나 말살하려 했다는 점을 우리는 학교에서, 또 논문을 통해 지적했다. 그러한 식민 사관을 하루빨리 극복해야 한다고 역설했다. 그런데 박정희는 그것과 정반대되는 주장을 이 책에서 폈다.

물론 이 시기에 다른 사람들도 식민 사관에 많이 젖어 있을 수 있었다. 식민 사관을 털어버릴 만한 여건이 갖춰져 있지 않았기 때문이다. 그런데 박정희 이분은 거기에서 한 걸음 더 나아가 그것을 자기의 중요한 정치 이념, '혁명 이념'이라고 보고 있고 이게 바로 인간 혁명, 사회 재건과 직결된다고 파악한 것으로 보인다. 우리 역사와 민족성을 일본인처럼 굉장히 부정적으로 본 것이다. 물론 나중에 가서 쓴 책에서는 달라진다. 이선근 같은 사람이 관여했는지는 모르지만, 어쨌든 '우리 역사 훌륭하다'고 주장한다.

그다음에 머리말에서 중요한 말을 또 하나 하고 있다. '직수입된 민주주의가 한국 현실 속 깊이 뿌리박히지 못하고 실패한 해방 후의 역사가 교훈하듯이 한국화된 복지 민주주의의 토대를 구축해야 한다.' 여기서 복지 민주주의가 앞부분과 관련해서 무슨 말인지 도무지 알 수가 없는데, 앞에 있는 '한국화된'이라는 말은 아주 중요하다. '복지'라는 말을 빼고 읽으면 무슨 말인지 쉽게 알 수 있다. '한국화된 민주주의', 이게 무슨 말이냐 하면 유신 시대에 그렇게 많이 듣던 '한국적 민주주의'다. 이게 바로 그거다. 직수입된 민주주의, 서유럽 민주주의는 우리나라에 안 맞는 것이라는 주장을 이분이 여기에서 역설하고 있다. 그 부분에 대해서도 이 책의 뒤에 여러 번 나오고, 《국가와 혁명과 나》에서도 여러 번 강조된다.

— '한국적 민주주의'라는 말이 울려 퍼진 유신 체제는 민주주의
　　와는 거리가 너무도 멀지 않았나.

그렇다. 가령 《우리 민족의 나갈 길》의 '혁명기에 있어서 민주주의' 같은 절節에서도 이렇게 말하고 있다. '서구적인 민주주의가 아닌 즉 우리의 사회적, 정치적 현실에 알맞은 민주주의를 해나가야만 된다고 생각한다.' 머리말에서 한 말을 다시 한 번 강조하고 있다. 그러면서 이렇게 설명한다. '바로 이러한 민주주의가 다름 아

1961년 7월 부랑아와 걸인 450명이 국토 건설 개발 요원으로 징집돼 개발지로 출발하고 있다.
사진 출처: e영상역사관

닌 행정적 민주주의다.' 이 양반이 다른 데서는 영어 안 쓰는데 여기서는 영어까지 써줬다. administrative democracy라고.

　　부제가 '혁명기에 있어서 민주주의가 행정적 민주주의'라고 돼 있다. 일부 정치학자가 이걸 주목해서 설명하고 그랬다. 뒤에 이걸 또 설명하는 대목이 들어 있다. 뭐냐 하면 '민주주의를 정치적으로 당장 달성할 것이 아니라', 이것이다. 이 양반, '한국적 민주주의'라는 걸 하자고 하면서 그건 민주주의가 아니라는 걸 사실상 여기서도 이야기하는 것이다. 그러니까 이 양반의 기본 생각은, 유신 때도 그렇지만, 민주주의가 우리한테 당장 필요한 건 아니라는 것이다. 그런데도 자기가 하려는 건 민주주의인데 그 민주주의는 한국적 민주주의다, 이런 식으로 두 가지 논리를 항상 동시에 주장한다. 여기서도 그렇다.

'민주주의를 정치적으로 당장 달성할 것이 아니라 어디까지나 과도기적인 단계에 있어서는', 유신 시대에도 이런 말을 참 많이 썼다. 그 방법으로서 민주주의를 '행정적으로 구현해야 할 것', 이런 주장을 편다. 초점이 바로 거기에 있다.

1960년대에는 이걸 행정 정치, 행정 독재라고도 불렀다. 행정적인 처리라는 건 지시를 내려서 해나간다는 것이다. 주로 그걸 말하는 것이다. 우리가 알고 있는 민주주의와는 전혀 다른, 아주 이질적인 주장이다. 그래서 정치학자들 중에는 '이 시기 인도네시아 지도자인 아흐메드 수카르노의 교도 민주주의guided democracy를 이런 식으로 바꿔 얘기한 게 아니냐', 그렇게 주장하는 사람들이 있다. 이건 1970년대에 가면 선명하게 '한국적 민주주의', 즉 유신 체제로 나온다. 하여튼 시기에 따라 대응하는 방법은 달랐지만, 박정희가 줄기차게 1950년대 또는 그 이전 언젠가부터 이 생각을 가지고 있었고 10·26 그 순간까지 견지하고 있었던 것 아닌가 하는 생각이 든다.

식민 사관 + 극단적인 반공 노선 + 군인 정신

—— 행정적 민주주의라는 주장은 중국의 쑨원이 틀을 잡고 장제스가 발전시킨 군정軍政-훈정訓政-헌정憲政론과도 닮은 구석이 있다. 혁명 직후 군정, 즉 군사 독재를 하고 그 후엔 헌정으로 바로 가는 대신 국민의 정치 수준이 낮은 만큼 훈정을 편다는 것인데, 현실에서는 독재를 뒷받침하는 논리로 쓰이지 않았나.

비슷한 점이 있다. 이제 《대통령들의 초상》에 나오는 대목을 살펴보자. 이병주는 당시 국제신보 주필 겸 편집국장이었다. 1960년 1월 박정희가 부산 군수기지사령관이 된 후, 이병주는 황용주 부산일보 주필한테서 '박 사령관을 만나자'는 연락을 받고 몇 번 함께 만났다. 황용주는 박정희하고 대구사범학교 동기다. 박정희가 쿠데타 생각도 있고 하니까 언론계 인사를 만나려 한 건지, 유명한 친구니까 만나려고 한 건지는 분명하지 않다.

그럴 때 이 사람은 '나라가 이러면 되겠느냐', 이런 이야기를 여러 번 했다고 한다. 그러면서 '이놈 저놈 모두 썩어빠졌다'고 열변을 토하는데, 황용주는 박정희를 이때만 해도 가르치려고 했다고 돼 있다. '민주주의란 게 어떤 것이다', 황용주가 이렇게 이야기하면 박정희가 강한 어투로 "민주주의고 나발이고 집어치워. 그런 쓸데없는 소리 말고 술이나 마시자"라며 또 술잔을 들었다고 한다.

한 번은 박 장군하고 황용주 사이에 격론이 벌어졌다고 한다. 박 장군이 또다시 일본의 1932년 5·15쿠데타, 1936년 2·26쿠데타를 일으킨 장교들을 들먹이면서 찬사를 늘어놓으니까 황용주가 '너 무슨 소리 하냐. 그자들은 천황 절대주의자들이고 케케묵은 국수주의자들 아니냐'고 했다. 그러니까 박 장군이 '일본의 군인이 천황 절대주의 하는 게 왜 나쁘냐. 국수주의가 어째서 나쁘냐'고 흥분했다고 한다.

─── 이때 황용주가 '그런 국수주의자들이 일본을 망쳤다'고 주장하자, 박정희는 '국수주의자들의 기백이 오늘의 일본을 만들었으며 우리는 그걸 배워야 한다'고 강하게 반박한 것으로 알려져 있다.

박정희 대통령의 유신 쿠데타를 바로 이 2·26쿠데타하고 많이 연결해 설명하지 않나. 소장 장교들이 5·15쿠데타 때는 수상을, 2·26쿠데타 때는 천황을 보좌하는 대신이던 사이토 마코토 등을 죽이고 그러지 않나. 사이토 마코토는 3·1운동 직후 조선 총독으로 왔던 그 사람이다. 어쨌건 군국주의에 심취한 소장 장교들이 일으킨 쿠데타들인데, 청년 장교들 사이에 퍼져 있던 국가주의, 국수주의, 천황 절대주의를 강조하는 황도파 일본 군인 정신이 잘 드러난 사건들이다. 그와 함께 질서와 '능률'을 절대시하는 군국주의 파시즘, 반의회주의, 반서구주의가 강렬하게 표출된 쿠데타들이지 않나.

이런 쿠데타에 대해 박정희 장군이 굉장히 강한 친연성을 주장했다. 아까 얘기한 우리 민족의 이른바 '저열한 민족성', '식민지 노예근성' 같은 문제점에 대해 인간 개조, 인간 혁명 같은 걸 한편으로 들고나오는 것도 이분의 '혁명 이념'이 되고, 극단적인 반공 노선이야말로 '혁명 이념'의 중추라고 볼 수 있다. 그와 함께 또 하나 중요한 것이 만주군관학교 시절부터 굳건히 견지하고 있던 군인 정신이다. '한국적 민주주의'와 함께 이런 것들이 바로 박정희가 1960년대에 계속 얘기하는 '5·16 혁명 이념'의 근간을 이루고 있는 것이 아닌가 하는 생각이 든다.

쿠데타 막지 못하게 한 양대 걸림돌, 양다리 걸친 장도영과 진압 막은 윤보선

장면 정권과 5·16쿠데타, 일곱 번째 마당

김 덕 련 5·16쿠데타 세력은 여러모로 허술했는데도 정권을 잡는 데 성공했다. 허점이 적지 않았는데 어떻게 쿠데타를 성공시킨 것인가.

서 중 석 쿠데타가 성공한 건 쿠데타 세력이 주도면밀하게 계획을 짜고 군 동원을 잘해서가 아니다. 그걸 막아야 할 세력들이 막을 태세를 제대로 못 갖췄거나 막지 않으려 했거나 또는 양다리를 걸쳤기 때문이다. 그래서 쿠데타 세력이 허술하고 미약했는데도 성공했다. 그런 점에서 박정희는 운이 무지무지하게 좋았다고 얘기할 수 있다.

우선 1960년 8월 민주당 정부가 출범한 후 국방부 장관이 내내 민간인이었다. 초기에 현석호가 맡았다가 권중돈이 맡고, 다시 현석호가 국방부 장관을 했다. 국방부 장관에 민간인을 앉히는 건 박정희 정권 이후엔 지금까지 한 번도 없을 것이다. 그러나 민간인 국방부 장관은 자유당 정권 때 이미 있었다. 신성모, 이기붕, 김용우 다 민간인이었다. 특히 신성모나 이기붕은 군인들이 그 앞에서 설설 긴다고 얘기할 정도로 장관으로서 대단한 힘을 가지고 군을 장악하고 있었다.

그렇게 된 건 군 장성들이 너무 나이가 어렸던 것과도 관련 있다. 심지어 '국회 국방위원들이 장군들 앞에서 위세가 당당하다. 장군들을 아이들 다루듯이 대한다', 이런 이야기까지 나올 정도였다. 군인 출신이 아니라고 해도 국방부 장관이 될 수 있었던 건 꼭 민간인 우위가 성립돼서라고 볼 수만은 없다. 군 수뇌부의 나이가 어리고 일군계·만군계 등으로 나뉘어 서로 다퉈서, 또 진급하기 위해 아부라고 할까 하는 것이 있으니까 민간인 장관들이 강력한 힘을

5·16쿠데타 당시 쿠데타군. 쿠데타가 성공한 건
쿠데타 세력이 주도면밀하게 계획을 짜고 군 동원을
잘해서가 아니다. 그걸 막아야 할 세력들이 막을
태세를 제대로 못 갖췄거나 막지 않으려 했거나
양다리를 걸쳤기 때문이다. 사진 출처: 국가기록원

가질 수도 있었다고 볼 수 있다. 그러나 장면이 현석호를 비롯한 민간인을 국방부 장관에 임명한 건 명백히 잘못한 일이다.

── 어떤 점에서 그러한가.

4월혁명으로 이승만이 물러난 후 과도 정부를 이끈 허정은 이종찬을 국방부 장관에 임명했다. 그렇게 한 제일 큰 이유는 당연히 쿠데타를 막기 위해서였다. 그리고 장면이 총리로 선출될 때 허정이 도와준 걸로 자료에 나와 있다. 영향력이 있지 않았나. 그런 허정이 과도 정부 수반에서 물러날 때 장면한테 '당신에게 어떤 부탁도 하고 싶지 않다. 딱 한 가지만 하겠다. 이종찬을 국방부 장관에 유임하라'고 이야기한 걸로 허정 회고록에 나온다. 장면은 그걸 대수롭지 않게 여기고 자신과 가까운 현석호를 국방부 장관에 임명했다.

그럼 현석호가 군을 잘 알았느냐. 이 사람 자신이 이야기하듯이 군을 몰랐다. 동생(현석주, 박정희·김재규와 육사 2기 동기)이 군인이었는데 4·19 나고 준장에 진급했다. 그 동생을 통해 좀 얘기를 들은 것 빼고는 군에 대해 잘 몰랐다. 사실 장면 정권엔 군 경력이 있는 사람이 한 명도 없었다. 장면이 어떻게 이렇게 군에 소홀할 수가 있느냐, 60만 대군을 너무 가볍게 본 것 아니냐고 생각할 수도 있다. 그런데 또 많은 사람이 그 이유를 설명하고 있다. 장면은 미국을 너무나도 철저히 믿었다. 쿠데타가 일어나면 그쪽에서 처리해줄 걸로 믿었다. 결과적으로 잘못돼도 보통 잘못된 게 아닌 생각이었다.

장면이 사무실을 주한 미국 대사관 바로 앞에 있는 반도호텔 (지금의 롯데호텔)에 마련한 걸 보면 쿠데타를 전혀 예감하지 않은 건 아니지 않느냐 하는 반문을 할 수도 있다. 미국한테 보호를 받으려고 그 앞에 있었던 것이라고 볼 수 있다. 어쨌든 장면이 현석호를 국방부 장관에 임명한 건 잘못이었다. 장면 정부는 군을 잘 모르기 때문에도, 군에 영향력이 있는 이종찬 같은 사람을 국방부 장관에 앉혔어야 하는 거다.

장면의 결정적 패착,
장도영 육군 참모총장 임명

—— 국방부 장관 문제와 더불어 많이 거론되는 것이 육군 참모총장에 장도영을 앉혔다는 점이다. 부적절한 인사로 꼽히던 장도영은 어떻게 육군 참모총장이 될 수 있었던 건가.

장면의 최대 실책은 육군 참모총장에 장도영을 앉힌 것이다. 왜 최경록을 갈아치우고 장도영을 앉혔느냐. 최경록을 유임했으면 쿠데타가 절대로 안 일어났을 것으로 본다. 아주 강직하고, 군은 정치에 초연해야 한다고 주장한 사람이다. 이종찬하고 그 점에서 같다. 그런 최경록을 육군 참모총장에 앉힌 건 정말 잘한 일이다. 다만 최경록이 미국하고 충돌했기 때문에, 약체 정권이기에 미국한테는 항상 잘 보이려 했던 장면 정부는 미국의 압력도 고려해서 최경록을 갈아치운 것이다. 이한림이나 김종오가 그 후임이 될 수도 있었다. 이 사람들만 앉혔어도 괜찮았을 것이라고, 쿠데타는 막을 수 있었을 것이라고 보고 있다. 이한림은 무엇보다 장면과 마찬가지로 천주교 신자였다. 그런데 가장 잘못된 인사를 했다. 장도영을 앉힌 거다.

장도영이 어떻게 육군 참모총장이 될 수 있었는지에 대해서는 설이 구구한데, 현석호의 증언이 이 부분을 명료하게 잘 이야기하고 있다고 본다. 장면은 민주주의 원칙에 충실하게 한다고 그랬는지 몰라도 '국방부 장관이 참모총장을 인선하라'고 지시하면서 '주한 미군 사령관하고 상의해서 하라'고 현석호에게 말했다. 이승만 정권 때부터 주한 미군 사령관 의견도 참작해서 정하는 것이 관례 비슷하게 이뤄졌다.

임명한 지 얼마 되지도 않은 최경록을 장면 정권이 교체하려 하던 1961년 2월, 현석호가 매그루더 주한 미군 사령관을 만났다. 현석호는 '난 우리 군 장성의 능력과 성분을 잘 모르니 사령관이 추천하는 대로 쓰겠습니다', 이런 태도를 취했다. 그러면서 김종오, 이한림, 장도영 등을 거론했다. 그러자 매그루더가 '장도영이 어떠냐', 이렇게 딱 얘기했다. 매그루더는 그전에도 장도영을 두둔했다. 그런데 장도영은 평이 아주 나빴다.

— 왜 그렇게 평판이 나빴나.

이승만 정권, 특히 이기붕하고 너무나 밀착돼 있다는 얘기를 들었다. 장도영 부인이 이화여대를 나왔는데, 이기붕 부인인 박마리아가 이화여대 교수였고 문과대 학장이었고 부총장이었던 것이 인연이 되었을 것이다. 하여튼 이기붕 집을 드나든 명부를 보면 송요찬은 꼭 아침 일찍 드나들었다고 나온다. 몰래 드나든 것처럼 나오더라. 장도영은 부인하고 자주 들락거린 것으로 나온다. 이기붕한테 딱 달라붙은 것이다. '이기붕 양자'라는 얘기까지 들었다. 그래서 4·19 후 제일 먼저 숙청돼야 할 정군 대상에 장도영이 들어가

1961년 5월 18일 서울·경기 지구 계엄 사무소 앞 기자 회견 장면. 군인들의 중심에 서 있는 사람이 장도영(사진 가운데)이고, 군인들 중 사진 왼쪽에서 두 번째 인물이 박정희. 장면의 최대 실책은 장도영을 육군 참모총장에 임명한 것이었다. 사진 출처: 국가기록원

있었다.

이런 장도영을 매그루더가 추천한 것이다. 그렇게 된 데에는 장도영은 물론 그 부인도 영어를 잘했고 그래서 미 8군 내에서 인기가 아주 좋았던 점이 작용했다고 본다. 그리고 장도영이 매끄럽게 생기지 않았나. 부부 모두 '외교'를 잘하고 사교성도 있었다. 그래서 매그루더가 추천했는데, 현석호가 '좋다'고 하고 돌아온 것이다. 그런데 국무회의에서 정일형 외무부 장관이 아주 강하게 반대

했다. 그래서 임명하는 데 세 시간이나 끌었다고 한다. 장면은 현석호 의견대로, 그러니까 매그루더가 얘기한 사람으로 하려고 한 것이다.

장면의 최대 실수는 직접 참모총장을 골라야 하는데 그렇게 하지도 않았고, 현석호를 시켜 매그루더의 말을 듣고 장도영을 임명한 것이다.

쿠데타 막아야 할 참모총장, 양다리 걸치며 박정희 방패막이

── 장면 총리와 현석호 국방부 장관은 쿠데타에 관한 구체적인 이야기를 들었는데도 이를 막지 못했다. 새까맣게 몰랐던 것이라면 또 모르겠지만, 그런 상황이 전혀 아니었는데 왜 속수무책으로 당한 것인가.

장면은 쿠데타에 대해 여러 번 이야기를 들었다. 특히 쿠데타가 나기 일주일 전이라고 하는데, 이때는 아주 구체적으로 들었다. 현석호는 그보다 더, 그러니까 10일 전이라고 현석호는 얘기하는데 그때 구체적인 정보를 들었다. 국방부 조사대 대장이 '박정희 소장이 쿠데타를 모의하고 있는데 장 총장도 알고 있다는 정보가 들어왔다'고 보고한 것이다. 현석호 장관은 바로 장도영 총장을 불렀다. 장도영은 '그럴 리 없다. 박 장군에 대한 모략이다', 이렇게 나왔다. 민간인 장관이니까 더 이상 어떻게 하지를 못하고 '그 후엔 의심만 갔다', 이런 식으로 얘기하고 있다.

이것과 똑같이 장면도 1주일 전에 아주 구체적으로 '누구누구가 쿠데타를 모의하고 있다'는 얘기를 들었다. 장면은 회고록에서 이게 쿠데타가 일어난다는 네 번째 정보라고 얘기했다. 그래서 어떻게 된 일이냐고 장도영한테 물었다. 장도영은 똑같은 대답을 했다. '알아는 보겠다. 그런데 그럴 리가 없다.' 장면이 몇 번이고 다그쳐 물어보니까 장도영은 '모략이다'라는 식으로 대답한 걸로 나와 있다. 장면이건 현석호건 쿠데타를 막기에는 너무나도 적임자가 아니었다. 당시 위기 내각이라고 불렸는데, 위기 내각치고는 정말 군을 모르는 사람들이 총리하고 국방부 장관을 맡고 있었다.

— 결국 장면 총리는 어떠한 실질적인 조치도 취하지 않았고 그러다가 쿠데타 소식을 듣게 된 것 아닌가.

쿠데타 당일 오전 2시쯤 장도영이 장면에게 '쿠데타가 일어났다. 빨리 피신하라'고 했다. 장면은 국정 책임자였지만, 유사시에 장면을 지켜줄 병력이 그 당시엔 없었다. 그래서 다급해진 장면 이 양반이 어디로 갔느냐 하면, 너무나도 당연하지만, 자기 사무실 앞에 있는 주한 미국 대사관으로 갔다. 나중에 미국 문화원이 되는 자리다. 그런데 철벽처럼 닫혀 있었다. 다른 사람도 아니고 장면이 왔는데 그랬다는 건 이상하긴 하다. 그다음엔 미국 대사가 거처하던 한국일보 앞쪽으로 달려갔다. 지금은 미국 대사관의 특수 시설이 있는 것으로 돼 있고, 박정희 정권 말기에는 청와대를 도청하고 있다고 해서 말썽이 된 바로 그 장소다. 여기 가서 문을 두드리고 '내가 장면이다. 장면이다' 했을 것 아닌가. 그런데 역시 어떤 엄명이 내려졌는지, 장면이 그렇게 표현하고 있는데, 문이 열리지 않았다. 이

장면 정권과 5·16쿠데타

상한 일이다. 수위가 얼굴을 쳐다봤으면 누군지 알았을 것 아닌가.

장면은 자기가 제일 잘 아는 곳이 혜화동 일대니까 거기에 있는 칼멜 수도원(가르멜 수도원)이라는 곳에 갔다. 남자는 아무도 들어갈 수 없지만 국가 원수급만은 받아주는 곳이었는데, 내각 책임제에서 총리니까 국가 원수급이라고 해서 장면을 받아줬다고 한다. 장면은 수도원에 들어가서 전화를 했다.

—— 그 긴박한 순간에 장면은 누구와, 어떤 내용의 통화를 했나.

이 부분에 대해서는 마셜 그린 주한 미국 대사관 대리 대사가 미국 국무부에 보낸 보고서가 자세하다. 21세기에 들어와 비밀 해제된 자료인데, 이완범 교수가 밝힌 이 문서에 따르면 이날 장면 총리는 그린 대리 대사에게 전화를 걸어 자신은 안전한 곳에 있다고 말하고, 매그루더 주한 유엔군 사령관과 그린 대리 대사가 쿠데타 직후 자신을 지지하는 성명을 발표한 것에 감사를 표시하면서, 유엔군 사령관이 상황을 맡아 처리해달라고 요청했다고 한다. 다음 날인 5월 17일에도 장 총리는 중개인을 통해 그린 대리 대사에게 '미국이 제2공화국 정부를 지지하는 것이 확실한가', '쿠데타 세력이 매그루더와 그린이 발표한 성명서 내용을 실천하지 않을 때 어떤 조치를 취할 것인가'를 묻는 편지를 보냈다. 그린 대리 대사는 중개인에게 구두로 "상황을 회복하기 위한 지원과 힘은 반드시 한국인으로부터 나와야 한다"고 전하고, 장 총리에게 장도영 육군 참모총장, 윤보선 대통령과 접촉할 것을 권유했다. 장면에게는 절망적인 답변이었다. 쿠데타를 막지 않겠다는 의사를 미국이 분명히 알렸을 뿐만 아니라, 이미 쿠데타 세력 쪽으로 기울어져 활동하고 있는 장도영, 윤보선과 접촉하라는 건 쿠데타군에 항복하라는 권유에 다름없었기 때문이다. 믿는 도끼에 발등을 찍힌 것이 분명했다.

— 장도영 참모총장은 왜 양다리를 걸친 건가.

장도영이 양다리를 걸친 건 간단한 이야기가 아니다. 재미난게 많다. 장면이 군에 대해 무능했다고 하는 건 사실 장도영 임명 때문이다. 실질적으로 군의 쿠데타를 막을 수 있는 위치에 있는 사람은 참모총장이라고 이야기할 수 있다. 참모총장이 막을 생각이 없으면 장면이 유능해도 쉽게 막을 수 없었다. 어느 나라에서나 그렇다. 다른 나라를 보면 대개 쿠데타를 참모총장하고 결탁해서 하거나 참모총장이 직접 일으킨다. 그만큼 쿠데타에서는 참모총장의 위치가 아주 중요하다.

많은 사람이 쿠데타 성공과 관련해 장면도 얘기하지만 장도영에 대해 더 많은 얘기를 하고 있다. 장도영이 쿠데타를 막아야 할 위치에 있었는데 양다리를 걸친 것 아니냐고 얘기한다. 그런데 장도영은 박정희하고 아주 특별한 관계, 어떤 군인보다도 특별한 관계를 맺고 있었다. 바로 이것이 장도영으로 하여금 양다리를 걸치게 한 요인이라고 볼 수 있다.

박정희에게 은혜 베푼 장도영,
그러나 박정희를 너무나 몰랐다

— 장도영 참모총장과 박정희 소장은 어떤 관계였나.

두 사람은 잘 아는 사이였다. 우선 장도영 회고록《망향》에 따르면 해방 공간에서 태릉사관학교(조선경비사관학교), 이게 지금 육군사관학교인데 장도영이 소령으로 생도대 제2중대장을 할 때 박정희가 중위로 생도대 제1중대 구대장을 했다. 그때부터 알고 있었는데, 장도영이 1949년 가을 대령으로서 육군본부 정보국장으로 발령을 받아 가보니 거기에 박정희가 문관으로 있었다. 침울한 표정으로 불쌍하게 있었다고 한다.

여순사건 후 숙군 때 박정희는 자신이 알고 있는 남로당 프락치 비밀 조직망을 전부 조사관한테 알려줬다. 그 정보에 의해 군내 '적색분자'가 일망타진됐다. 그래서 형이 감면, 면제되긴 했지만 군복은 벗어야 했다. 그런 박정희를 백선엽 정보국장이 문관으로 채용했다. 직제에도 없는 자리에 정보국장이 그냥 앉힌 것이다. 급료도 없었다고 한다.[*] 박정희는 항상 사복 차림으로 의기소침했고, 장도영은 그런 박정희를 퍽 가엾게 생각했다더라.

그래서 장도영이 정일권 참모총장한테 박정희를 현역 복직시키자고 직접 얘기했다. 답변이 없자 이번엔 '박 문관을 현역 소령으로 복직시키자'고 정식으로 상신했다고 한다. 정일권도 동의해서 직접 신성모 국방부 장관한테 갔는데, 장관이 흔쾌히 승낙했다고 한다.[**]

── 숙군에서 현역 복귀 때까지는 박정희의 인생에서 암흑기였다

---

[*] 공식 급여가 없는 대신 정보국 기밀비에서 얼마씩 지급했다는 이야기도 있다.

[**] 박정희가 육사 및 육군본부 정보국 시절 맺은 인연은 5·16쿠데타와도 이어진다. 생도를 훈육하던 시절 만난 육사 5기는 쿠데타 때 군대를 주로 동원했고, 정보국에서 만난 육사 8기는 쿠데타를 기획했다.

는 평가도 있다. 박정희는 일제 말 만주군관학교와 일본 육사에서 4년 교육을 받은 끝에 장교가 됐지만, 1년 후 일본이 패망했다. 해방 후 다시 교육을 받고 한국군 장교가 됐지만, 숙군으로 예편됐을 뿐만 아니라 동거하던 여성도 그 무렵 박정희를 떠났다. 좌절에 빠졌을 박정희는 한국전쟁 발발 직후 현역으로 복귀하고 1950년 12월 육영수와 재혼하면서 다시 인생길을 열어갈 수 있었다. 그 계기를 만들어준 장도영은 박정희에게 큰 은혜를 베푼 셈이다.

박정희가 현역 소령으로 복직한 건 장도영의 공로라고 볼 수 있다. 정말 박정희를 구해준 것이다. 장도영은 1950년 9·28 수복 후 9사단장이 됐을 때 박 중령을 참모장으로 발탁했다.[*] 1954년 초 제2군단장으로 있을 때는 박정희를 군단 포병 사령관으로 썼다. 그때는 박정희가 준장이었는데 이건 송요찬의 힘이 작용했다고도 한다.

장도영은 1959년 초에 제2군 사령관으로 발령을 받았다. 4월 혁명 후 장도영은 최경록 참모총장에게 예편 신청을 했다. 장도영도 눈치코치가 있으니까, 최경록이 참모총장이 됐으니 이건 안 되겠다 싶었던 것이다. 사실 그전에도 예편하려 했다고 증언을 하고는 있다. 어쨌건 1960년 9월 17일에 신청했는데 이게 반려됐다. 굉장히 중요한 의미를 지닌다. 왜 반려됐느냐 하면 매그루더 장군이 개입했다고 한다. '왜 장도영 같은 유능한 사람을 예편하게 하려고 하느냐. 유임시켜라', 매그루더가 이렇게 요청하니까 한국 정부가 그 말을 따른 것이다.

• 1950년 7월 31일 자로 현역 복귀한 박정희 소령은 그해 9월 15일 중령으로 진급했다.

1961년 6월 장도영 내외가 매그루더 주한 유엔군 사령관 내외 및 멜로이 장군 내외를 초청해 파티를 열었다. 왼편에 앉아 있는 사람이 장도영, 맞은편에 앉아 있는 사람이 멜로이, 매그루더(오른쪽)이다. 사진 출처: 국가기록원

나중에야 이게 얼마나 중요한지 알게 되는데, 어쨌건 매그루더가 이렇게 계속 관심을 갖고 장도영을 돌봐줬다는 걸 알 수가 있다. 이런 매그루더 덕택에 나중에 박정희도 살아나고 쿠데타도 성공하게 되는 기묘한 관계가 만들어진다.

— 어떤 사연인가.

뭐냐 하면, 박정희는 당시 육군 작전참모부장에서 물러났다. 좌익 성향이 있으니 예편하게 해야 한다고 해서 밀려나게 된 것이다. 좌익 색채가 있는 장군으로 오해를 받아 그렇게 된 것이다. 이

때 장도영이 직접 육군본부에 연락했다. '나한테 보내달라.' 그렇게 해서 박정희가 제2군 부사령관이 된 것이다. 제2군 부사령관이 되지 않고 예편됐으면 박정희 인생은 거기서 끝나는 것이었다. 그런데 매그루더가 장도영을 유임하도록 했고, 그렇게 유임된 장도영이 예편될 박정희를 구해줬다. 박정희는 이 점에선 장도영한테 정말고마워해야 할 처지였다. 그러면서 쿠데타에 전념해 성공시킬 수 있었다, 이런 이야기다.

그러니까 장도영이 양다리를 걸친 데는 '박정희가 날 무시할수 없을 것이다', 이런 게 강하게 작용했다고 누구나 추측한다. 그런데 장도영은 박정희를 잘 몰랐다. 남로당 프락치 때 그 조직을 수사관한테 알려준 사람 아닌가. 그런 사람, 프락치 중에서 아무도 없다. 이건 무서운 것이다. 그런 무서운 성격을 가진 사람이라면, 필요하다면 장도영도 바로 걷어찰 수 있었다. 장도영이 이걸 제대로이해하지 못한 것 아니겠느냐고 볼 수 있다.

CIA 쪽에서든 미 8군 쪽에서든, 또 한국군 정보 계통에서든여러 곳에서 장도영한테 '박정희가 쿠데타를 모의하고 있다'는 아주 구체적인 정보가 들어왔다. 장도영은 그걸 다 차단했다. 국방부장관이 불러도 '염려할 것 없다'고 했고, 총리가 뭐라고 하는데도'걱정할 것 없다. 박정희는 믿을 만한 사람이다'라고 답변했다. 상급에서 박정희를 치려고 하는 것도 못하게 막아버리고 박정희의 쿠데타에 양다리를 걸쳤다. 박정희가 쿠데타를 성공시키는 데 장도영이한국 쪽에서는 제일 중요한 역할을 한 것 아닌가. 그와 함께 중요한인물이 윤보선인데 윤보선과 장도영은 쿠데타를 성공시키는 데 한역할이 반반일 것이다, 이렇게 이야기할 수도 있다.

장도영만큼이나
쿠데타 성공에 기여한 윤보선

— 윤보선 대통령은 쿠데타를 용인하는 듯한 모습을 보였다. 장면
정부가 무너지면 자신이 권력을 잡을 수 있을 것이라고 생각
한 것 아니냐는 지적도 많다. 민주공화국의 대통령이라기보다
는 특정 정파(민주당 구파)를 대표하는 인물로서 움직인 것 아닌
가 하는 생각도 든다. 이 문제, 어떻게 보나.

쿠데타 세력이 정말 운이 좋다고 한 데에는 윤보선의 역할이
아주 컸다. 윤보선은 쿠데타를 막을 수 있는 아주 중요한 위치에 있
었다. 장면이 피신한 상황에서 대통령이었기 때문이다. 그런데 윤
보선하고 장면은 여러 가지로 사이가 나빴다. 1950년대 후반기에
민주당 신파와 구파의 대립이 보통 심한 게 아니었다. 구파의 영수
는 조병옥이고 신파는 장면이었는데, 4·19만 안 났어도 구파는 자
유당 온건파하고 합작해 신당을 만들었을 것이라고 추측하는 사람
이 꽤 있다. 그만큼 구파는 신파를 미워했고 신파도 마찬가지였다.
　윤보선 이 양반은 내각 책임제에서 대통령이기 때문에 명목상
의 대통령 위치를 잘 지켜나가는 게 중요했다. 우리나라는 그런 게
잘 안돼서 내각 책임제를 못한다는 이야기도 있지만, 하여튼 윤보
선은 장면 총리가 하는 일에 간섭을 많이 했다. 장면이 쓴 것을 보
면, 심지어 1961년 윤보선이 '지금 당신이 제대로 하고 있느냐'라는
식으로 여러 사람이 있는 데에서 장면을 힐난했다. '난 헌법에 따라
총리직을 수행하고 있다', 장면이 이렇게 대답할 정도로 둘 사이가
아주 험악했다. 감정적으로도 나빴던 것이다.°

1961년 7월 윤보선 대통령이 박정희 국가재건최고회의 의장과 송요찬 내각 수반을 접견하고 있다. 박정희의 쿠데타가 성공하는 데 윤보선은 아주 중요한 역할을 했다. 사진 출처: e영상역사관

　　신민당(구파가 민주당에서 갈라져 나가 만든 정당)도 계속 장면 정부를 공격하고 있었지만, 윤 대통령도 장면 정부가 무너지기를 바라지 않았느냐고 여러 사람이 추측하고 있다. 그런데 미묘한 문제가 또 하나 있었다.

── 무엇인가.

　1961년 3월 23일 청와대 요인 회담에서 두 사람은 "총리가 지금까지의 실정을 솔직하게 시인하지 않고 또 제대로 인정하지 않는 듯한 발언을 한 것은 대단히 유감스러운 일"(윤보선), "내가 그만두면 나보다 더 잘할 사람이 있겠느냐"(장면)며 맞섰다. 그 후 신문에 '대통령이 총리에게 정권을 내놓으라고 했다'는 식으로 크게 보도되면서 양측의 갈등은 더 커졌다

대통령의 권한에 대해 헌법에는 '군 통수권을 대통령이 갖는다', 이렇게 명시돼 있었다. 그런데 국방부 장관은 말할 것도 없고 참모총장 등 군 인사권을 가진 건 총리였다. 그래서 군 통수권이 어디 있느냐에 대해 장면 집권 내내 논쟁이 벌어졌다. 양쪽이 서로 자기 쪽에 있다고 주장한 것이다. 전문가들도 의견을 달리했다. 한쪽에선 '헌법 조문에 있는 대로 대통령한테 있다'고 봤다. 그러나 다른 쪽에선 '실질적으로 군 인사권을 총리가 갖고 있고, 대통령의 군 통수권은 명목상의 것일 뿐이다. 대통령은 명목상 국가 원수 아니냐. 그것과 비슷한 것이다', 이렇게 주장했다. 그런데 윤 대통령은 직접 군을 순시하고 다녔다. '내가 통수권자다', 이걸 그런 식으로 주장한 것이다.

이런 상태에서 5·16쿠데타를 맞이한 것이다. 그렇다 하더라도 장면 정부는 이승만 정부와는 달라서, 민간인 정부일 뿐만 아니라 민주주의를 일정하게 해보려 하는 정부였다. 따라서 '윤 대통령도 쿠데타에 대해서는 단호한 태도를 취했어야 한다. 그러면 쿠데타는 진압됐을 것이다', 많은 사람이 이렇게 보고 있다. 그런데 윤 대통령 태도는 그런 것이 아니었다.

진압 막은 윤보선…
박정희 정권 18년의 길이 열리다

— "올 것이 왔다"(혹은 "온다던 것이 왔구나")는 윤보선 대통령의 말은 두고두고 회자된다. 윤보선은 무슨 생각으로 이런 말을 한 것인가.

박정희 소장하고 유원식 대령, 그리고 현석호 국방부 장관 등이 쿠데타 당일 청와대에 갔다.* 현 장관은 군에 억류된 상태에서 끌려간 것 같다. 윤보선은 거기서 "올 것이 왔다"고 하면서 장면 정부를 비판했다. 이 "올 것이 왔다"를 가지고 윤보선하고 다른 쪽하고 해석을 달리하는데, 대부분은 이걸 쿠데타를 인정한 것으로 해석하고 있다. 어쨌건 윤보선 대통령은 쿠데타를 막기 위한 어떤 조처도 취하지 않았다.

이것과 관련해 또 오랫동안 논쟁이 된 것이 있다. 유원식이 자기 회고록 등을 통해 '내가 이미 윤 대통령과 내통하고 있었다'고 한 대목이다. 사실 유원식 대령이 아무리 쿠데타를 일으키는 데 공로자라고 하더라도 박정희와 함께 청와대에 갔다는 건 이상한 일이다. 유원식은 아나키스트이자 임시정부 국무위원이던 유림의 아들이다. 유림은 아들이 일본 군인(만주군)이라고 해서, 귀국한 후 한 번도 자식을 안 본 걸로 알려져 있다. 성격이 참 대단한 양반이다. 그러나 독립 운동을 한 사람들은 유원식을 알고 지낸 걸로 돼 있다. 그 유원식이 '윤보선으로부터 거사 자금까지 받으려고 했다'고 하는 식으로 윤보선과 맺은 관계를 많이 써 놨다. 물론 윤보선은 전면 부인했다.

현석호는 그날 그 청와대 자리에서 두 사람 사이가 이상한 것 같다고 써 놨다. 아마 윤보선도 유원식을 통해 쿠데타가 진행되고 있다는 것을 알았을 가능성이 있다. 그러나 유원식이 주장하는 것

---

* 독재의 상징이던 이승만 대통령이 쫓겨난 후 경무대는 윤보선에 의해 청와대로 이름이 바뀌었다. 1989년 동아일보에 연재된 윤보선 회고에 따르면, 박정희 소장과 유원식 대령 등은 오전 9시 무렵 청와대에 와서 오전 9시 30분경 떠났다.

처럼 그런 구체적 거래까지 있었다는 건 믿기 어렵다고 본다.

— 윤보선 대통령은 쿠데타 진압 문제에 어떤 태도를 취했나.

윤보선은 박정희와 유원식을 만난 후 매그루더 미 8군 사령관하고 그린 대리 대사를 만났다. 존 F. 케네디 정부가 주한 미국 대사를 새로 임명했는데 아직 부임하지 않아 그린이 대리 대사로 있었다. 매그루더와 그린이 찾아가서 '쿠데타군 숫자가 3600명밖에 안 되니까 철수하게 해야겠다'고 했다.[**] 윤보선이 '그렇게 하라'고 얘기했으면, 쿠데타 세력의 정권 장악을 막았을 것이라고 본다. 그런데 '우리 군끼리 유혈 사태가 일어나서 되겠는가', 이렇게 나왔다. 이건 간단하다. 쿠데타를 막기 위한 조처를 취할 수 없다는 건데, 그건 지지로 볼 수밖에 없다.

군 일부, 특히 이한림 제1군 사령관 등이 이 쿠데타를 진압할 수도 있었다. 그런데 1961년 5월 17일 이한림 장군은 통고문을 받았다. 윤보선 대통령이 비서관들을 군 사령부 및 각 군단 사령부에 파견했다. 군 일부에서 쿠데타군을 진압하려 막 출동할 때였는데, 윤보선이 보낸 공한公翰의 내용은 간단하다. '국군끼리 충돌과 출혈을 하지 말라.' 장면이 없으니 군이 지시를 받을 수 있는 유일한 사람이 윤보선인데, 윤보선이 이렇게 나오니 어떻게 하겠나. 출동하려다 주춤할 수밖에 없었다. 그러고는 17일 그날 이한림은 만주군관학교 동기 동창인 박정희한테 두 손 들어버렸다. 쿠데타를 묵인

●● 쿠데타군의 10배를 동원해 서울을 포위하면 쿠데타 세력이 항복할 수밖에 없다는 주장이었다.

하겠다는 뜻을 전했다. 오후 7시쯤인데, 이제 쿠데타 성공은 확실했다. 군에서 더 이상 큰 반대가 없을 것이라는 신호이기도 했다.

군에서 출동을 못 하게 만든 또 하나의 결정적인 요인이 바로 윤보선이었다. 그 점에서, 아무리 나중에 변명을 많이 하더라도 박정희의 쿠데타가 성공하는 데 윤보선이 중요한 위치에 있었다는 것을 부인하기는 대단히 어렵다.

• 이한림은 그다음 날인 18일 이른 오전 체포돼 서울로 끌려갔다.

좌익 경력 때문에 박정희 꺼렸다 미국?
이 쿠데타를 묵인한 이유

장면 정권과 5·16쿠데타, 여덟 번째 마당

김 덕 련 5·16쿠데타와 미국의 관계에 대해 그간 논란이 많았다. 미국은 쿠데타를 진압하려 했다는 주장, 그와 반대로 쿠데타를 배후 조종한 것 아니냐는 주장, 조종까지는 아니지만 알면서 눈감았다는 주장 등이 맞섰다. 주한 미군, 미국 대사관과 워싱턴이 엇갈리는 모습을 보인 것도 논란을 키운 요인이다. 이 문제를 어떻게 보는지 궁금하다.

서 중 석 쿠데타를 막는 데 아주 중요한 위치에 있던 것이 주한 미군 사령부다. 미 8군 사령부, 유엔군 사령부를 겸하고 있는 곳이다. 우리 군의 작전권은 그 휘하에 있었다. 지금은 조금 달라졌지만, 그당시만 해도 미군이 한국의 전군을 통제하고 있었다고 말할 수 있는 상황이었다.

이 때문에 쿠데타를 진압하려 했으면 상황이 달라질 수 있지 않았느냐는 건데, 이 부분에 대해선 아주 미묘한 게 많다. 매그루더 장군과 그린 대리 대사의 행동을 어떻게 평가할 것인가를 갖고 상반된 주장이 지금까지 나오고 있다. 이 부분이 제일 연구도 많이 됐고, 제일 논란도 많다. 자초지종을 살피면 아직까지도 '어느 것이 맞다', 이렇게 단정하기가 어렵게 돼 있다.

5·16쿠데타와 미국,
엇갈리는 해석들

— 일반적으로 매그루더는 쿠데타에 부정적인 태도를 취한 것으로 이야기된다. 이와 달리 매그루더는 장면 정부를 매우 부정

적으로 봤고 쿠데타를 적극 진압할 의사가 없었다는 연구도 있다. 쿠데타가 일어난 후 매그루더는 어떤 모습을 보였나.

매그루더가 쿠데타를 진압하려 했다는 확실한 증거로 제시되는 것이 있다. 5월 16일 오전 10시 18분, 미 8군 공보관이 성명을 발표했다. "매그루더 장군은 유엔군 사령관의 권한으로 그 휘하의 모든 장병에게 장면 총리가 수반인, 정당하게 인정된 한국 정부를 지지할 것을 요구한다", 이렇게 돼 있다. 장면 정부 지지, 쿠데타 반대를 확실히 이야기한 것이다. 그리고 매그루더와 그린은 쿠데타 당일 오전 윤보선 대통령을 찾아가 쿠데타군을 철수하게 해야 한다고 말했다.

이것들과 윤보선 회고, 장도영 회고, 이한림 회고 등을 읽으면 매그루더, 그리고 쿠데타 직후 장면과 맺은 관계에서 이상한 대목이 있지만 그린 대리 대사는 쿠데타를 진압하려 한 것으로 볼 수도 있다. 그런데 결국 못하게 된 것이다. 장도영은 어영부영했고, 윤보선은 오히려 '진압하지 말라'는 식으로 나왔다. 그런데 그렇다고 해서 정말 미국이 쿠데타를 진압하려 했다고 볼 수 있느냐? 문제는 바로 거기에 있다.

매그루더가 이한림 제1군 사령관을 찾아가 진압군 출동 문제를 논의한 건 17일 오후 2시가 조금 넘었을 때다. 이한림이 회고록에 시간까지 정확히 적어 놨다. 그런데 그때는 진압군 출동을 막은 윤보선 공한이 돌고 난 이후다. 이한림이 출동할 정신 상태가 아니었다. 그래서 매그루더는 공치고 돌아간 걸로 돼 있다. 매그루더가 뭣 때문에 그런 시간에 왔느냐 하는 것이 논란이 될 수 있다. 사실 매그루더하고 그린 대리 대사와 관련해서 납득이 안 가는 것들이 있다.

— 어떤 부분이 그러한가.

CIA는 물론 미 8군에서도, 쿠데타가 일어난다는 정보를 매그루더한테 계속 줬다. 특히 중요한 위치에 있는 인물들이 그런 정보를 줬는데, 그중에서도 인용에 빠지지 않는 유명한 사람이 CIA 한국 지부 책임자였던 피어 드 실바다. 사태가 어떻게 될 것이라는 걸 자신들도 알고 있었다는 것이다. 박정희 장군의 측근 참모 중 CIA 요원하고 친한 어떤 장교가 알려줬다고 한다. 그래서 매그루더한테 이 사실을 알렸다고 한다. 그게 얼마나 진전됐는지를 조사하도록 다시 지시하면 되는 것 아닌가. 그런데 매그루더는 그렇게 하지 않았다. 다만 매그루더는 '장면 총리에게 알려도 좋다. 단 출처를 대지 말라'고 말했다는 것이다. 그래서 장 총리에게 보고했는데 장 총리가 진지하게 받아들이지 않았다고 하지만, 장 총리가 장도영을 불러 쿠데타에 대해 물어본 게 이것 때문 아닌가 싶다.

그다음에 제임스 하우스만은 한국군을 만드는 데 지대한 공로가 있다고 해서 '한국군의 아버지'로 불리는 사람이다. 한국군을 창설할 때 하우스만은 대위라는 낮은 계급이었지만 아주 중요한 역할을 했다. 미국으로 돌아갔던 하우스만은 1956년 유엔군 사령관 특별 보좌관으로 다시 한국에 왔다. 상당히 중요한 위치다. 한국군을 아주 잘 알던 하우스만이 쓴 글이 있다. 쿠데타가 일어나기 45일 전(1961년 4월 1일), "나는 한국군 내에 쿠데타 기도가 있음을 상부에 보고했다. 매그루더 사령관과 장도영 총장에게 적어도 한 차례 이상 '군 내부의 쿠데타 기도를 주의하라'고 경고했다"고 한다. 45일 전이면 상당히 오래전이다. 장도영이 이상한 태도를 취한 건 그렇다 치더라도 매그루더는 도대체 왜 조치를 안 취한 것인지, 이건 좀 이

1961년 5·16쿠데타 당시 군인들 모습. 그린 대리 대사는 '이것은 한국인이 결정할 문제'라는 말을 통해 미국이 쿠데타를 인정했음을 우회적으로 시사했다. 사진 출처: 국가기록원

상하긴 하다.

쿠데타 직후 장면이 피신했을 때 전화한 사람이 그린 대리 대사였다. 장면이 누구라고 말하지 않았기 때문에 이걸 다른 사람들은 몰랐다. 그런데 그린 대리 대사가 나중에 한국인과 한 인터뷰에서 그걸 밝혔다. 이때 그린은 '나하고 통화했다. 그런데 무슨 이야기를 했는지는 잘 기억나지 않는다'라고 대답했다. 그렇지만 사실 그린은 쿠데타 당일 장면과 통화한 내용과 그다음 날(5월 17일) 장면의 중개인이 가지고 온 편지의 내용에 대해서도 정확히 알고 있었다. 앞에서 언급한 것처럼 그것을 미국 국무부에 보고한 자료가 있지 않은가. 그런데 인터뷰에서는 기억나지 않는다고 얼버무렸다. 만약 장면과 통화할 때 그린 대리 대사가 장면에게 '우리가 보호해 줄 테니 나와라', 이랬으면 사태가 달라질 수 있었다고 본다. 그런

데 그렇게 하지 않았다. 그러니까 장면은 거처를 이야기하지 않고 또 꼭꼭 숨어버렸다.

장면 회고록을 보면, 장면이 모측과 다시 협의했다고 나온다. 최근 비밀 해제된 미국 국무부 자료에 따르면, 장면이 그린 대리 대사에게 보낸 편지에 그 협의 내용이 나와 있다. 미국 국무부 문서와 장면 회고록은 이 부분에서 중요한 사실을 알려준다. 회고록에 그쪽에서 뭐라고 대답한 걸로 쓰여 있냐면 '당신 요구와 윤보선 대통령의 주장이 달라서 우리가 고민이다', 이렇게 돼 있다. 그런데 미국 국무부 문서에는 그린이 장 총리에게 윤보선, 장도영과 접촉해보라고 얘기한 것으로 나온다. 얘기를 정리하면 이렇다. 그린은 '이것은 한국인이 결정할 문제'라는 말을 통해 미국이 쿠데타를 인정했음을 우회적으로 시사하면서, 윤보선 등과 접촉해보라고 제안했다. 물론 그린은 윤보선의 태도를 명료히, 잘 알고 있어서 '당신 요구와 윤보선의 주장이 다르다'고까지 말해줬다. 그런데도 접촉해보라고 한 건 그 의도가 무엇인지를 빤히 드러내는 짓이다.

이런 것들을 보면 5·16쿠데타와 미국의 관계는 그렇게 간단한 문제가 아니라고 생각할 수밖에 없다. 이것에 대해 방증이라고 할까, 여러 가지 참고가 될 만한 얘기를 해주는 것이 5·16쿠데타 직후 미국 언론들의 보도 태도다.

미국 대사관과 미군은
쿠데타를 막으려 하지 않았다?

── 미국 언론들은 어떻게 보도했나.

뉴욕타임스 1961년 5월 16일 자에 이렇게 나왔다. '매그루더는 8군에 비상을 걸었으나 방관적 정책을 취했다. 매그루더 장군은 미군이 영내에 머물도록 지시해 이번 분쟁에 말려들지 않도록 했다', 이런 내용이다. 장도영이 매그루더한테 전화한 것도 쿠데타가 일어난 직후라고 돼 있다. 장면한테 보고하고 나서 바로 매그루더한테도 보고했을 것이다. 그러면 그때 비상을 걸었어야 하는데, 나중에 건 것 같다. 여러 자료를 보면, 처음부터 비상을 걸었다고는 안 돼 있다. 이것도 난 이상하다고 본다.

5월 17일 자 조든 기자가 쓴 기록을 보면, 미국 관리들은 한국의 군사 쿠데타가 성공했고 장면 정부가 끝장날 것으로 믿고 있다고 돼 있다. 장면 정부가 두 손 든 건 18일(한국 시각)인데, 17일(워싱턴 시각)에 벌써 그런 보도가 나왔다. 시차를 고려하면 날짜가 거의 같긴 한데, 그래도 신문이라는 건 조금 늦게 나오지 않나. 하여튼 '한국과 미국 대사관의 관리들은 장면 총리와 내각의 조속한 사임을 바라고 있다', 이렇게 돼 있다.

5월 18일 뉴욕타임스에 난 걸 보면, 그린 대리 대사는 '상황이 어떻게 움직이는지 모르고 사태의 진전을 예측할 수도 없다'면서 '이것은 한국인 스스로 결정할 문제다', 이렇게 기자한테 답변했다고 돼 있다. 그린 대리 대사는 제3자의 입장이랄까, 방관적 위치에 있는 사람이 아니었는데도 마치 제3자의 위치에 서 있는 것처럼 말했다. 이것도 이상한 것 아니냐는 생각을 갖게 한다.

7월 23일 뉴욕타임스 로젠탈 기자가 쓴 것을 보면 '처음에 주한 미군 사령관이나 미국 대리 대사가 장면 정권을 지원하지 않았다면', 이건 10시 18분 성명서를 가리키는 것으로 보이는데, '미국이 장면 정부를 배신하고 쿠데타를 교묘하게 처리했다는 의심을 수많은 한국인들이 가질 것 아니냐', 이렇게 돼 있다. 이것도 아주 미묘하고 의미심장한 말이다.

— "장면 총리가 수반인, 정당하게 인정된 한국 정부를 지지할 것을 요구한다"는 10시 18분 성명서의 참뜻을 다시 생각할 필요가 있는 것 아닌가 하는 생각이 든다.

그런 대리 대사는 또 이런 얘기를 했다. 인터뷰에서 한 말을 보면 자기네는 매그루더에게 '우리가 이번 쿠데타와는 아무런 관련이 없다는 점을 분명히 해두는 것이 좋겠다'고 말했다고 한다. 5월 16일 새벽 3시에 전화를 받고 쿠데타 사실을 알았는데, 그렇게 얘기했다는 것이다. 그러자 매그루더도 '아무런 관련이 없다는 점만 밝히겠다', 이렇게 얘기했다는 것이다. 지지하거나 반대한다는 말은 하지 않겠다고 했다는 것이다.

1950년대에 미국은 한국군의 연대는 말할 것도 없고 대대 단위까지 군사 고문단을 파견했다. 미국이 쿠데타에 개입했다는 생각이 퍼지기 쉬웠다는 것이다. 또 일부 사람들이 그런 소문을 퍼뜨리고 있었다고 한다. 그래서 매그루더가 '합헌적인 장면 정부를 지지한다'는 입장을 명확히 하는 것을 통해 그런 의심에서 벗어나려고 했다는 것이다. 그런 것으로 볼 때, 10시 18분 성명은 원칙적인 태도를 밝힌 것이라고 할 수 있다. 이런 여러 가지를 볼 때, 주한 미군 사령부나 미국 대사관에서 쿠데타가 일어나기 전부터 적극적으로 쿠데타에 대응하려 했다는 어떤 것도 찾기가 어렵다.

워싱턴이 쿠데타 세력에게
힘 실어준 이유

— 미국 정부의 태도도 논란거리였다. 쿠데타 직후 매그루더와 그
린이 '장면 정부 지지' 성명을 내자, 워싱턴에서는 '더 이상의
성명 발표는 피할 것', '쿠데타에 개입하는 것으로 비치는 발언
은 삼갈 것' 등의 지시를 하기도 했다. 워싱턴의 이런 지시, 어
떻게 보나.

하우스만도 얘기했지만, 이 문제에서 제일 중요한 건 미국 정
부다. 케네디 정부가 어떤 입장이냐에 따라서 쿠데타를 진압할 수
도 있었다. 서울에 들어온 쿠데타군이 3,600명밖에 안 됐다. 그건
매그루더가 몇 번이고 강조한다. '간단하다. 포위하고 있으면 된다'
고. 물론 그렇게 간단하지만은 않은 게 5월 17일쯤 되면 쿠데타를
지지하는 군인들도 있고 반대하는 군인들도 있다. 그렇지만 이때도
미국 정부와 주한 미군 사령부가 확실한 태도를 취하면, 그리고 윤
보선 대통령이 거기에 동의하면 상황이 달라질 것은 분명했다. 어
쨌건 미국 정부 입장이 제일 중요하다는 건 확실했다.

그런데 미국 정부는 '처음부터 쿠데타를 지지했다', 이렇게까
지 얘기할 수 없을지는 몰라도 '그것에 개입해야 한다'는 어떤 징조
도 보이지 않았다. 적어도 매그루더는 '우리가 개입해야 한다'는 얘
기는 하지 않았나. 그것과는 굉장히 차이가 난다고 이야기할 수 있
다. 그러면서 '매그루더나 그린이 잘못하고 있다'는 식으로 비판도
하고 그랬다.

이때 미국 국무 장관 딘 러스크는 외지에 나가 있었다. 그래서

체스터 볼즈 차관이 국무 장관 대리를 하고 있었다. 5월 19일 뉴욕 타임스 조든 기자가 쓴 걸 보면, 볼즈는 '한국의 혁명위원회 지도자들이 매우 반공적이고 친미적인 것으로 생각한다'고 밝혔다. 조든 기자는 이런 말도 했다. '지금 군부가 집권해 능력을 발휘하는 것이 미국 정부의 목표인 것으로 간주되고 있다.'˙ 쿠데타가 나고 얼마 안 지나서 미국 정부는 확고한 지지로 나아갔다고 볼 수밖에 없다.

—— 미국 정부는 왜 그런 태도를 취했나.

그게 또 논쟁거리가 될 수 있다. 주한 미국 대사관에 오래 근무해 한국 사정을 잘 알던 그레고리 헨더슨이 거기에 대해 쓴 게 있다. 헨더슨은 미국 정부가 쿠데타 지지로 나선 건 케네디 정부의 쿠바 침공 작전이 실패로 돌아간 것이 큰 요인이라고 설명하고 있다. 쿠바에선 1959년 1월 1일 혁명이 성공해 피델 카스트로를 수반으로 한 혁명 정부가 등장했는데, 이게 미국에 굉장한 충격을 주지 않았나. 미국 코앞에 있고 미국 손아귀에 있던 나라였기 때문이다.

케네디 정부가 등장해 얼마 되지도 않은 1961년 4월 쿠바의 피그만 공격에 나섰는데 이게 실패했다. 헨더슨은 이런 쿠바 사태, 피그만 충격을 제일 큰 요인으로 든다. 이게 중요 요인이 아니라고 보긴 어렵지만, 그렇다 하더라도 그게 그렇게까지 중요하다고 볼 수 있느냐는 생각이 든다. 이 문제와 관련해 CIA를 비롯한 미국 정부가 장면 정부를 어떻게 봤는가 하는 부분을 검토할 필요가 있다.

˙ 5월 17일 자 뉴욕타임스에 따르면, 볼즈는 "미국이 한국의 새 군사 지도자들을 승인하게 될 것이라고 생각한다"는 이야기도 했다.

― 미국 정부는 장면 정권을 어떻게 봤나.

5·16쿠데타 때 CIA 국장이던 앨런 덜레스는 나중에 "재임 중 CIA의 해외 활동으로서 가장 성공을 거둔 것은 이 혁명이었다", 이 렇게 증언한다. 이게 아주 많이 인용된다.°° 물론 이에 대해, 쿠데타 시작 전부터 알아서 지원했다는 것으로 볼 수는 없지 않느냐고도 얘기한다.

그런데 CIA 국제협력국 직원(USOM[주한 미국 원조 협조단]의 기술 협조 담당 보좌관)으로 한국에서 근무한 휴 팔리가 1961년 2월 한국 상황에 대해 보고한 게 있다. "우리는 가능한 한 최대한 한국이 주 도한 것처럼 보이게 해야 한다", "그러나 결단의 시기는 지금이다. 지금 행동하지 않으면 1년 후 우리는 방어할 수 없을 것이다", 이렇 게 쓰고 있다. 쿠데타 세력이 낸 아주 두툼한 《한국 군사 혁명사》 1 권을 보면, 미국은 고도의 미국식 교육으로 단련된 유능한 한국군 장교가 불안한 한국의 미래를 영도해주길 바란다고 자기들한테 전 했다고 돼 있다.

미국은 장면 정부를 상당히 불안하게 여기고 있었다. 실은 민 간인 정부에 대한 불신이었다. 민주와 자유를 어느 정도 지키는 민 주주의 정부가 과연 한국에 적합한가 하는 것이었다. 진보 세력이 등장해 통일 운동 같은 걸 펼 것이라는 두려움인 건데, 그 두려움은 바로 현실로 찾아왔다. 4월혁명 후 통일 운동이 활발하게 일어나

°° 덜레스는 1953년부터 1961년까지 8년간 CIA를 이끈 역대 최장수 국장이었다. 석유 국 유화를 주장한 이란의 모사데크 축출(1953년), 농지 개혁을 추진한 과테말라의 아르벤 스 정권 전복(1954년) 등이 모두 덜레스 국장 시절 CIA와 관련돼 있었다.

는 것은 물론 한국전쟁 전후 학살을 비롯한 과거사의 진상을 규명하자는 주장도 강하게 나왔다. 미국은 '저게 어디로 나아갈 것인가' 하는 것에 상당한 두려움과 걱정을 갖고 있었다. 그러면서 장면 정부 대신 자기들이 정말 믿는, 탄탄한 반공 권력이 들어서는 것을 생각했을 수 있다. 다만 쿠데타를 직접 지원했겠느냐. 그건 아닐 것이라고 볼 수 있지만, 쿠데타가 진행되는 것을 막을 필요를 미국이 못 느꼈다는 것도 확실한 것 아니냐고 생각할 수 있을 것 같다.

좌익 전력 때문에 꺼렸다?
미국, 박정희 쿠데타 사실상 묵인

── 일각에선 좌익 전력 때문에 미국이 박정희를 꺼리고 경계했을 것이라고 본다. 실제로 어떠했나.

미국은 처음부터 박정희를 노골적으로 지지한 건 아니지만 사실상 박정희의 쿠데타를 묵인했다. 주한 미군과 미국은 박정희를 인정했다. 박정희를 잘 알지 않으면 그런 일이 생길 수가 없다.

장면 정부에서도 좌익 색채가 있다고 해서 예편하게 하려 했고 남로당 프락치 전력이 있는 박정희가 일으킨 쿠데타를 미국이 지지했겠느냐고 묻는 사람이 많다. 박정희가 5·16쿠데타 후 혁신계를 싹 잡아들이는 등 극단적인 반공 정책을 편 건 좌익 전력 때문에 미국이 자신을 의심하는 것에 대한 보호책이라는 주장도 숱하게 나왔다. 박정희는 반미적인 언사를 많이 썼고 일본 군인 정신이 아주 강했는데 미국이 지지할 수 있었겠느냐는 얘기도 있다. 그런 이야기들이 꼭 틀린 건 아니라고 보지만, 이런 부분에 관해 우리가 여러 가지로 생각해봐야 할 것 같다.

우선 CIA 한국 책임자였던 실바도 그랬고, 하우스만은 쿠데타 45일 전에 '박정희가 쿠데타를 일으키려 한다'고 보고했다. 좌익 전력 때문에 박정희만은 안 된다는 생각을 미국이 정말 했다면 주한미군이나 미국이 이때 가만히 있었겠느냐는 생각을 안 할 수가 없다. 당시 미국 언론 보도를 보면, 미국이 박정희에 대해 어떻게 생각하고 있었는가 하는 걸 간취할 수 있다.

── 미국 언론은 박정희에 대해 어떻게 보도했나.

뉴스위크 1961년 7월 3일 자에는 '44세의 박 장군은 미국 장교들과 골프를 쳐본 일이 전혀 없으며 미국식 애칭도 갖고 있지 않다'는 내용이 실렸다. 미국 가서 공부하고 온 한국의 유명한 사람들은 대개 미국식 애칭을 갖고 있었다. 여러 군인들도 그랬는데, 박정희는 그것도 갖고 있지 않았다. 뉴스위크 1961년 11월 20일 자에 따르면, 박정희는 미국 유학 당시 영어를 거의 배우지 못했고 칵테일파티에 모습을 드러내는 것을 극히 싫어했다고 한다. 5·16쿠데타 직후 미국 쪽에서는 박정희가 미국 문화, 미국 생활에 익숙하지 않을 뿐만 아니라 싫어했다는 걸 알고 있었다고 볼 수 있다.

그럼에도 타임 1961년 5월 26일 자를 보면 박정희 소장을 "열렬한 반공주의자"로 이야기하고 있다. 매그루더 장군과 함께 제일 중요한 위치에 있던 그린 대리 대사가 한 인터뷰 같은 것을 보더라도 '박정희는 의심스러운 사람이다. 우리가 박정희에 대해 상당히 신경을 쓰고 봤다', 이런 이야기가 안 나온다. 오히려 '박정희의 전력에 대한 시비가 없었다'고 이야기하는 게 나중에 인터뷰한 것에 나온다.

미국이 박정희보다 김종필을
더 경계하는 모습 보인 속내

—— 쿠데타 당시 한국 현지의 고위직 문관으로서 사정을 잘 알고 있었을 그린이 그렇게 이야기한 건 이상한 일 아닌가.

그에 비해 그린은 오히려 김종필에 대해서는 '다만 김종필은 공산당과 연루돼 있는지도 모른다는 보고가 들어와 있었다'고 인터뷰에서 이야기했다. 이런 이야기는 여기에만 나오는 게 아니다. 1961~1964년 미국 문서에, 국무부 문서건 다른 문서건 여러 문서에 '김종필은 위험한 사람이다. 민족주의자다', 이런 이야기가 많이 나온다. 미국은 5·16쿠데타의 실질적인 계획자라고 볼 수 있는 김종필에 대해 상당히 신경 쓰고 있었다.

이걸 어떻게 해석해야 하는가. 김종필은 사실 전력을 알 수 없는 사람이다. 이 양반이 해방 후 육사에 들어가기 전에 뭘 했느냐에 대해 지금까지 정확하게 알려진 게 없다. 김종필은 1944년 공주중학교를 졸업하고 일본에 가서 중앙대학(주오대학)에 입학했다. 그렇지만 곧 귀국해 대전사범학교 강습반에서 1년 수업을 마친 뒤 교사로 부임해 근무하다가 해방을 맞았다. 해방 후에는 대전사범부속국민학교 교사를 하다가 서울대 사범대 예과에 들어갔다. 여기까지가 서울대 사범대에 들어가기까지 김종필의 학력이자 경력으로 알려진 것들이다.

문제는 김종필이 서울대 사범대에 들어가서 무엇을 했느냐다. 이것에 대해서는 구구한 설들만 있다. 대표적인 것이, 서울대 사범대를 다 다니지 못한 건 학생들 사이에 있었던 좌익 활동에 연루됐기 때문이라는 설이다. 그 당시 친일파도 군대에 들어가면 괜찮았고, 좌익 활동을 하던 사람도 군대에 들어가면 괜찮은 경우가 많았다. 그렇지만 그건 김종필이 한 이야기가 아니다. 김종필도, 박정희도 자신의 과거 이력에 대해 입을 꾹 다물었다. 김종필은 서울대 사범대 2학년 때 국방경비대 13연대에 사병으로 입대한 것으로 알려졌다. 그러나 군사 훈련이 힘들어 일주일 만에 탈영해 도망병 생활을 하다가 조선경비사관학교 교도대에 들어갔고, 8개월 후에는 육사 8기생으로 입학했다고 한다. 하여튼 서울대 사범대 시절 김종필에 대해서는 명확한 것을 알 수가 없다.

— 김종필이 입대 전 '국대안(국립 서울대학교 설립안)' 반대 투쟁에 관계했다는 이야기도 있지 않나.

좌익 활동에 연루됐다는 설이 바로 그것이다. '국대안' 반대 투쟁이라는 게 좌익 활동 아닌가. 내가 알기로는 확인은 안 됐다. 그 사건에 깊이 개입한 사람이나 김종필 본인이 이야기할 때만이 사료로서 가치가 있지 않나. 그러나 김종필은 '국대안' 반대 투쟁에 자신이 관여했는지, 그렇지 않은지에 대해 명확하게 얘기하지 않았다. 이상한 건, 사범대를 함께 다닌 친구들이 있을 텐데 그런 친구나 동창들의 증언도 없는 것 같다는 점이다. 왜 증언도 없는지 이해가 가지 않는다. 하여튼 김종필이 '국대안' 반대 투쟁을 비난하기는 했어도 자신이 그것과 관계가 없다고 변명하지는 않은 것을 보면, 그것과 관계가 있다는 것을 시인한 것으로 볼 수밖에 없을 것 같다.

5·16쿠데타를 일으켰을 때 김종필의 사상, 사고가 박정희와 차이가 있었느냐. 지난번에 박정희가 5·16쿠데타를 일으켰을 때 어떠한 이념을 갖고 있었는가를 당시 자료들을 갖고 이야기했다. 그러면 김종필은 혁명적인 이념을 보이느냐? 그렇지는 않다.

예컨대 신사조 1962년 7월호에 쓴 걸 보면 "5·16혁명이야말로 민족주의를 그 사상적 지주로 하고 있다", 이런 식으로 민족주의라는 말을 내세우는데 그 민족주의가 뭔지를 잘 설명하지는 않고 있다. 있다면, "국토와 민족의 통일을 민족적 과제로 내건 5·16혁명이야말로", 이렇게 이야기하는 게 나온다. 5·16 '혁명 공약' 5번째로 "민족적 숙원인 국토 통일을 위하여 공산주의와 대결할 수 있는 실력을 배양하는 데 전력을 집중할 것입니다", 이게 나오긴 한다. '혁명 공약'으로 통일 이야기를 안 한 건 아니다. 그런데 이건 '통일을 위해 직접적으로 어떤 노력을 하겠다', 그런 것보다는 '통일은 나중 일이고, 먼저 건설하고 실력을 배양해 공산주의와 대결하겠다', 바로 이런 주장이다. 그러니까 국토와 민족의 통일을 민족사적 과제로 내걸었다고 하기는 어려운데, 어쨌든 민족주의 성격이 그렇게 잘 드러나 있지는 않다.

김종필이 미국 디커슨 대학이라는 데에서 1963년 무렵 한 연설 같은 것을 보면, 여기서도 박정희와 비슷하게 '사화와 무자비한 당쟁은 민족을 분열시켰으며'라고 말했다. 우리에게 익숙한 식민사관이 들어 있었다. '해방 이후 우리 정치는 계속 파쟁으로 갔다. 강력한 리더십이 있어야 한다. 자유가 방종과 무질서로 전락했는데 그걸 막아야 한다', 이것도 박정희의 주장과 대체로 유사하다. 이런

1962년 김종필(왼쪽)과 박정희. 미국은 5·16쿠데타의 실질적인 계획자라고 볼 수 있는 김종필을 상당히 경계했다. 사진 출처; e영상역사관

것들이 1963년에 가면 '민족적 민주주의'로 나오는데, 학생들이 이걸 강하게 비판하고 시위 때 장례식도 하는 것을 볼 수 있다. 이때 김종필이 장준하와 경쟁적으로 여러 대학에서 강연을 했다. 그건 여러 자료에 나온다. 그렇지만, 민족주의를 가지고 얘기했다고 하는데 그게 어떤 내용이었는지를 구체적으로 기억해 자료를 남긴 글은 찾아보기가 힘들다. 하여튼 김종필이 정치 이념 문제와 관련해 이 시기에 쓴 글이 의외로 적다. 그러나 현재까지 알려진 글들을 가지고 이야기할 때 박정희하고 크게 차이가 난다고 보기는 어렵다.

── 미국은 왜 박정희보다 김종필을 더 경계하는 모습을 보인 것인가.

난 이렇게 생각한다. 김종필은 미국이 통제하기가 어려울 정도로 그 활동 양상이 상당히 다방면에 걸쳐 있었다. 다방면이라는 건 이리 뛰고 저리 뛸 수 있다는 건데, 말하자면 예상대로 움직이는 사람처럼 안 보일 수 있는 측면이 있어서 그런 걸 우려한 점도 하나 있다.

더 큰 것은 박정희와 김종필을 이간질한다고 할까, 떼어놓으려고 하는 의도가 있었던 것 같다. 미국은 쿠데타 세력에서 이 두 사람이 핵심이라고 봤다. 정확히 본 것이다. 둘이 강하게 결합하면, 두 사람을 떼어놓지 못하면 미국이 통제하기가 어렵지 않겠느냐고 본 것 같다. 그렇다고 박정희의 전력에 직접적인 시비를 걸었다가는, 이건 문제가 잘못될 수도 있었다. 박정희 정권 자체를 약화시킬 수도 있었다. 이런 것 때문에 주로 김종필을 표적으로 삼았던 게 아닌가 하는 생각이 든다.

'한국군의 아버지'와 '스네이크 박'의 특별한 인연

─── 미국이 쿠데타를 묵인한 이유 중 하나는 박정희를 잘 알았기 때문이라고 앞에서 지적했다. 어떤 계기로 박정희의 이모저모를 파악하게 된 것인가.

그쪽에서 박정희를 제일 잘 알 수 있는 사람은 하우스만이다. 이 사람은 박정희를 잘 알고 있었다. 1948년 여순사건 때 반란군 진압을 지휘하는데, 훈장까지 받을 정도로 큰 공을 세운 사람이다. 이

때 박정희와 함께 갔다고 하우스만 기록에 나온다. 여순사건을 진압할 때 같이 있었다고 한다.

그 후 숙군 사태가 일어났을 때도 하우스만은 박정희를 예의 주시했다. 그런 것이 하우스만의 증언에 잘 나타나 있다. 육군본부 정보국장이었고 숙군을 지휘한 백선엽 대령이 하우스만 자신한테 한 뭉치의 적색 침투자, 그러니까 남로당 프락치 명단을 갖고 왔다는 것이다. 육사 2기, 3기가 프락치로 많이 처형당하지 않나. 이때 프락치 중에서 유일하게 살아난 사람이 박정희 소령이었다고 얘기한다. 박정희가 숙군 신문 과정에서 남로당의 군내 비밀 조직을 소상히 불어 숙군 작업을 손쉽게 진행할 수 있게 했던 점을, 그러니까 적색 침투 정보를 고스란히 제공하는 큰 공을 세웠다는 걸 하우스만은 중시하고 있었다.

'박정희는 그를 어려울 때 구해준 동료, 선배, 후배들의 발뒤꿈치를 사정없이 무는 사람이라고 해서 가끔 미군들 사이에서는 스네이크snake(뱀) 박이라고 불리기도 했다'고 하우스만은 말한다. 이 사람이 참 재미난 표현을 썼더라. 어려울 때 박정희를 구해준 이들로 하우스만은 정일권, 백선엽, 장도영 등을 꼽았다. 하우스만은 '그렇지만 군대 내에 있는 거의 모든 적색 조직을 샅샅이 폭로해 숙군 작업을 손쉽게 진행할 수 있게 한 건 확실히 그의 목숨을 건질 만한 가치가 있다'고 그 당시에 봤다.

프락치 건으로 박정희는 사형 판결을 받았다. 무기 징역 판결이라는 주장도 있는데, 사형이 더 맞는 것 같다. 어쨌건 이때 하우스만은 박정희가 받은 형을 면제해주자는 청원에 자기가 깊이 개입했다고 증언했다. 한국군의 아버지라고 하는 사람이 박정희와 아주 가까운 위치에 있었다는 것을 여기에서도 보여주고 있다.

— 하우스만이 1956년 유엔군 사령관 특별 보좌관으로 다시 한국에 온 후 두 사람의 관계는 어떠했나.

하우스만은 다시 부임한 후 박정희와 계속 접촉했다고 한다. 놀라운 이야기다. '박정희도 나를 자주 만나는 걸 뭣 때문에 꺼렸겠느냐', 이 사람은 이렇게 반문하고 있다. 그러면서 하우스만 자신은 박정희를 둘러싼 군부 쿠데타설, 그러니까 예전(1952년) 이용문 쿠데타설도 관련이 되고 특히 1960년 4·19 직전의 쿠데타설일 텐데, 이런 것에 신경을 곤두세웠다고 말한다. 박정희가 쿠데타에 관심이 많은 사람이라는 걸 잘 알고 있었던 것이다.

5·16쿠데타 45일 전 '이 사람이 쿠데타를 일으키려 한다'고 보고도 했다는 하우스만은 쿠데타가 일어나자 5월 16일과 17일에 유엔군 사령부 쪽과 쿠데타 주동자 쪽을 부지런히 왔다 갔다 했다고 말한다. 잘 수습되도록, 양측의 조정 작업이 무난하게 이뤄지도록 대단한 노력을 기울였다는 것이다. 그러니까 이 사람은 박정희를 잘 알고 있었고, 미국 정부나 매그루더 사령관한테 '박정희가 사상적으로 믿을 만한 사람이다', 이렇게 얘기했을 것이라고 볼 수밖에 없다. 매그루더도 '쿠데타군을 원위치시키자'고만 강조했지 '박정희는 문제가 있는 사람이다', 이런 이야기는 한마디도 한 적이 없다. 매그루더가 그런 이야기를 한마디도 하지 않았다는 건 참으로 의미심장하다. 이렇게 미국은 박정희에 대해 잘 파악하고 있었다고 볼 수 있다.

미국은 박정희가
반공에 철저할 것임을 확신했다

── 박정희에게 기본적으로 반미 성향이 있었고 그것이 박정희 정
권 18년 중 이때를 비롯한 여러 시기에 박정희와 미국의 관계
에서 작용한 것 아니냐고 보는 시각도 있다. 이런 관점, 어떻게
보나.

5·16쿠데타가 일어났을 때 미국은 박정희가 이승만 못지않게
반공 정책을 철저히 수행할 것임을 확신했다고 본다. 남로당 프락
치로서 한 박정희의 배신적 행위, 기회주의자로서 면모, 권력에 대
한 강한 집착을 잘 알고 있었던 것이다. 하나 더 짚을 것은, 한 번
배신한 사람은 거기 다시 안 붙는다는 걸 하우스만이 잘 알고 있었
다는 점이다. '미국 측에서 그간 보니 공산당을 배신한 자들이 공산
당에 다시 가는 건 못 봤다', 이런 점을 강조하더라.

많은 사람은 박정희가 국가재건최고회의 의장 때나 대통령 때
반미적 정책을 썼을 것이라고 생각한다. 이건 굉장한 착각이다. 박
정희가 미국과 빚은 갈등은 이승만 때와 비슷하게 권력 관계에서
발생했다. 개인적으로는 미국과 미국 문화, 서구 문화를 좋아하지
않았고 일본 군인 시절 지녔던 군인 정신이 강하다 하더라도 기본
적인 정책이 반미적으로 나타난 경우는 없다.

── 한국이 반공의 보루 역할을 충실히 수행할 것인가, 이것이 미
국의 핵심 관심사였다. 이 전제를 뒤흔들지만 않는다면, 박정
희 측이 대중에게 숨긴 '은밀한 과거'(좌익 전력)는 미국으로서

1961년 11월 박정희가 케네디 미국 대통령과 만나 악수를 하고 있다. 5·16쿠데타 당시 미국은 박정희가 이승만 못지않게 반공 정책을 철저히 수행할 것임을 확신했다. 사진 출처: e영상역사관

는 큰 문제가 아니었던 것 같다. 한국의 최고 권력자가 군국주의 일본의 문화에 젖었는지 여부도 미국으로서는 부차적 문제였을 것이다. 침략 전쟁을 반성하지 않았지만 미국의 세계 전략에 충실한 일본 우익 지도자들을 미국이 멀리하지 않은 것과도 통하는 대목이다.

쿠데타 세력이 쓴 《한국 군사 혁명사》에 미국은 고도의 미국식 훈련으로 단련된 유능한 한국군 장교가 불안한 한국의 미래를 영도해주기를 바랐다고 돼 있다고 하지 않았나. 이게 뭘 가리키겠나. 그리고 5월 18일 자 뉴욕타임스를 보면, '매그루더나 그린이 매우 심하게 쿠데타를 비난하는 것처럼 보이지만', 이건 쿠데타 당일 오전 10시 18분에 나온 성명을 가리키는데, '쿠데타를 계획한 한

국 군부 지도자들은 미 8군 및 대사관의 이러한 태도에 과히 신경을 쓰지 않는 것처럼 보인다'고 쓰여 있다. '저건 그냥 미국의 공식적인 표현이다', 이렇게 보고 있다는 것이다. 이처럼 미국이 우리를 치지 않을 것이라고 믿고 있었다면 그전에 뭔가 교감이 있었기 때문 아니겠나. 이건 하우스만의 증언과 거의 일치한다고 본다.

이런 것들을 볼 때 미국은 박정희의 좌익 전력에 크게 신경을 쓰지 않고 있었다. 다만 박정희에게 일정한 압력을 가하고 컨트롤하는 것이 필요하기 때문에도 그랬겠지만 '미국은 박정희의 좌익 전력 문제를 주시하고 있다'는 식의 설명과 주장이 나가게 하는 건 그 뒤로도 계속 보인다. 한국의 친미 세력 사이에서 '미국은 박정희의 과거 이력 때문에 결코 박정희를 신뢰하지 않는다. 언젠가 한 번은 칠 것이다', 이런 주장도 1960년대 초중반에 꽤 나온다.

이런 걸 종합하면, 미국이 박정희의 전력 문제에 어떤 식으로 대응하려 했던가를 하나로 딱 설명하기보다는 '상당히 복합적으로 대응하고 있었다. 그건 한국 문제를 어떻게 처리할 것인가 하는 것과 깊이 연관돼 있었다'고 얘기할 수 있다.

쿠데타 세력의 군중 동원

'5·16 혁명군 환영' 남녀 학생 시가행진.
사진 출처: 국가기록원

경복궁 근정전 앞에서 열린
5·16 참여 군인 위문 쇼
사진 출처: 국가기록원

'군사 혁명 완수' 문화예술인 대회.
사진 출처: 국가기록원

쿠데타 세력이 기획한 '깡패들의 행진'.
사진 출처: 국가기록원

대한상이용사회에서 주최한
'혁명군(쿠데타군) 지지' 행사.
사진 출처: 국가기록원

大韓傷痍勇士會
서울支部

가슴 없어도
軍事革命을 기뻐하리

5·16쿠데타 후 열린
'군사 혁명 체육 축전'.
사진 출처: 국가기록원

육사 생도들의 군사 쿠데타 지지
행렬을 지켜보고 있는 사람들.
사진 출처: 국가기록원

여덟 번째 마당

187

육사 생도들의 서울 시가행진.
사진 출처: 국가기록원

정치 깡패 이정재는
진정 죽어 마땅했나

장면 정권과 5·16쿠데타, 아홉 번째 마당

김 덕 련 5·16쿠데타 과정을 되짚다 보면, 4월혁명을 거쳐 등장한 장면 정권을 끝까지 지키려 한 세력이 왜 그리도 없었나 하는 의문이 든다. 1979년 12·12쿠데타와 1980년 5·17쿠데타 이후엔 5·18항쟁이 있었지만 5·16쿠데타 이후엔 그런 움직임이 없었다는 것을 어떻게 이해할 것인가 하는 문제와도 닿아 있다. 이 문제, 어떻게 보나.

서 중 석 장면 정부 또는 민간 정부에 대해 강한 애착이 있었으면 반대 시위도 있을 수 있지 않았느냐는 건데, 그건 현실적으로 어려웠다고 본다. 예전에 한 사회과학자도 그런 주장을 했는데, 내가 그건 말도 안 된다고 했다.

당시 쿠데타에 조직적으로 저항할 수 있는 어떤 시민 세력도 없었다. 쿠데타에 저항할 수 있으려면 조직적 세력이 있어야 한다. 예컨대 남미에서는 노조 조직이 그런 역할을 좀 했다. 한국에서는 학생 조직이 그런 역할을 할 수도 있지 않았느냐고 할 수 있지만, 이때는 그런 걸 할 만한 정도의 학생 조직이 없었고 정치 투쟁을 할 수 있는 노조 조직도 사실상 전혀 없었다.

그리고 쿠데타에 저항하는 나라, 별로 없다. 아, 총칼을 든 군인이 전차와 중화기를 끌고 나왔는데 거기에 맞서 싸우는 게 얼마나 있었나. 1968년 체코 프라하라든가 1956년 헝가리 부다페스트에서처럼 시민들이 외국 군대인 소련군에 저항한 사례가 없는 건 아니지만, 쿠데타에 맞서 싸운 경우는 그리 많지 않다.

1972년 10월 17일 유신 쿠데타가 일어날 때만 해도 사회가 많이 달라졌는데 아무도 그것에 반발하는 데모를 즉각 못하지 않았나. 그것도 5·16쿠데타 못지않은, 아니 그보다 훨씬 심각한 헌정

5·16쿠데타 당시 군인들의 모습. 총칼을 든 군인이 전차와 중화기를 끌고 나왔는데 거기에 맞서 싸우는 게 가능했을까. 사진 출처: 국가기록원

파괴 행위였다. 그렇지만 그것에 대한 반대 투쟁이라고 할까, 활동을 누구도 전개할 수 없었다. 전개하지 못했다. 할 수 없었던 것, 못한 것과 안 한 것 중 어떤 것이 더 맞느냐. 난 양자가 다 있다고 본다. 12·12쿠데타도 정말 용서할 수 없는 쿠데타 아닌가. 그때는 학생 운동 세력, 재야 세력이 상당히 있었다고 볼 수 있다. 그러나 직접 투쟁으로 나서기가 쉽지 않았다.

다만 5·17쿠데타에 대해선 광주에서 5·18항쟁이 있었다. 5·17쿠데타에 저항한 것은 광주가 갖는 특징 때문이다. 그 부분은 광주항쟁과 결부해 다르게 설명해야 한다. 어떻게 이야기하는 것이 더 정확할 수 있냐면 5·16쿠데타, 유신 쿠데타, 12·12쿠데타에 못지않게 헌정 파괴가 분명한 5·17쿠데타에 왜 광주를 제외한 다른 도시는 침묵을 지켰느냐, 1980년 5월 15일 10만 명이나 되는 학생이 서울역 앞에 집결할 정도의 시위도 있었는데 왜 5·17쿠데타에 대해서는 침묵했느냐, 이렇게 묻는 것이 더 맞는 말이 아닌가 싶다. 쿠데타에 직접 항거한다는 게 그렇게 간단한 문제가 아니다.

5·16쿠데타 후
조직적 저항은 왜 없었을까

— 4월혁명 후 부정 선거 원흉 처단, 반민주 행위자 처벌, 부정 축재자 처리 문제 등 혁명 과업을 이행하는 것이 중요한 과제로 떠올랐다. 9개월도 안 되는 짧은 집권기로 인한 한계를 고려한다고 해도, 장면 정권이 이러한 과업 이행에서 미진한 모습을 보인 게 사실이다. 이와 달리 혁명 과업을 조기에, 철저히 이행하는 모습을 보였어도 다수의 국민이 장면 정권 붕괴를 그저 지켜보기만 했을까 하는 의문이 든다.

장면 정권이 잘했느냐 못했느냐하고도 꼭 관련되는 문제는 아니라고 생각한다. 쿠데타와는 별 상관없었다고 본다. 다만 군 내부에서 더 요동쳤을 가능성은 있다. 그리고 그간 거듭 얘기한 것처럼, 장면 정부가 그 정도 했으면 부족하긴 하지만 차근차근, 상당히 일을 했다고 볼 수 있다. 1960년 8~11월 이때는 신민당, 그러니까 민주당 구파하고 머리 터지는 싸움만 할 수밖에 없었다. 그런 것이 정리되고 어느 정도 정권이 안정되는 게 1961년 2월쯤이다.
　더군다나 혁명 입법 같은 과거사 청산은 보수 세력이 하기 어려운 것이다. 그건 박정희 정권도 한다고만 했다가 실제로는 제대로 안 하지 않았나. 사실 박 정권에서 잘한 건 거의 다 장 정권을 이어받은 것이다. 경제만 해도 박정희가 어느 정도 자신의 경제 정책을 추스르는 건 1964년 무렵 이후다. 그 이전엔 '시행착오'를 거듭하며 시쳇말로 개판을 쳤다. 그러면 집권 초기에 장 정권과 박 정권 중 어디가 시행착오를 비롯한 잘못을 더 많이 저질렀느냐. 내가 보기엔 장면 정권 시기에는 기본적 자유가 있었고 민주적 절차를 밟았고 법치주의가 지켜지고 있었다. 그뿐 아니라 이승만 정권 시기에 잘못됐던 많은 부분이 정상화 쪽으로 가고 있었다. 시행착오 같은 정책 실패만 하더라도 박 정권이 심하지 않았나 하는 생각이 든다. 이런 점을 명확히 이해할 필요가 있다.

—— 5·16쿠데타에 대해 학생층과 일반 국민들이 어떤 반응을 보였는지 짚었으면 한다. 학생층과 관련해 많이 거론되는 것이 서울대 총학생회의 쿠데타 지지 성명이다. 그러나 학생층 전반이 그처럼 반응했다고 보기는 어렵다. 이 시기 자료들을 보면 쿠데타 직후엔 일단 지켜보면서 유보적인 태도를 취하다가, 시간이 흐르면서 군사 정권을 점점 비판적으로 인식하는 학생들이 늘어났던 것 같다. 이와 관련해 쿠데타 초기, 4월혁명 주역임을 자임하던 학생들이 혁명 과제를 제대로 이행하지 못했다는 자괴감과 반성의 차원에서 쿠데타를 받아들인 것 아니냐는 주장도 있다. 이런 주장에 대해 어떻게 생각하나.

학생들의 태도는 애매했다. 그냥 현실 권력으로 많은 사람이 인정했을 수는 있다. 시간이 흐르면서 비판 목소리가 높아진다고 했는데, 사실 그런 흐름은 그 이전에도 있었다. 그런데 1961년, 1962년 계엄 아래서 그런 소리를 신문이나 어디나 실어줄 턱도 없고, 하

1962년 한미행정협정 체결 촉구 시위. 5·16쿠데타 후 첫 시위였는데, 군부 정권은 이를 강하게 억압했다. 사진 출처: 국가기록원

지도 못하게 돼 있었다. 다 잡아가고 그 무서운 군인들이 칼 휘두르던 때 아닌가. 그런 목소리는 잠겨 있을 수밖에 없었다. 5·16쿠데타와 박정희 군부 정권에 대한 반발이 전면적으로 나오는 건 한일 회담 때다. 한일 회담 반대가 그렇게 거세게 일어난 데에는 이 시기, 그러니까 5·16쿠데타 직후 억눌려 있었던 불만이 그때 함께 터져 나온 점도 있었다는 것을 상기해야 한다.

1962년에 고려대생과 서울대생이 한 데모도 그것과 한편으로는 맞닿아 있다. 미군 범죄에 대한 항의 데모가 일어나는데 5·16 군부 정권이 강하게 억압했다. 김낙중 등이 배후 세력으로 몰려 얼마나 심하게 고문을 당하고 중형을 받았나.°

5·16쿠데타가 일어났을 때 일반 국민들은 어떤 태도를 보였느

냐. 그것에 대해 그 당시 쓴 것을 보면 그저 관망한다고 할까, 그러다가 나중에는 인정한다고 하는 식이다. 함석헌은 '무표정이고 묵인이다', 이런 쪽으로 갔다고 이야기하고 있다. 전두환 등이 선동한 육사 생도들의 쿠데타 지지 시위가 있긴 했지만 시민들 사이에서는 앞장서 지지한 세력도 없었고 적극적으로 반대하고 나선 세력도 없었다고 볼 수 있다.

박정희·전두환,
깡패 소탕 하나는 시원하게 했다?

―― 쿠데타 세력은 권력을 잡은 후 이른바 사회 정화 작업을 한다. 그러면서 재건 국민 운동을 실시하는데, 일제 말 전시 동원 체제와 닮은꼴이라는 지적이 많다.

적지 않은 사람들이 쿠데타에 대해 '시원하다'고까지 이야기하는 게 나온다. 교통정리, 깡패 소탕 같은 것에 대해 잘했다고 생각하는 사람들이 있었다. 사실 1960년 4월 26일 이승만이 하야를 발표했을 때 학생들이 맨 먼저 한 게 교통정리였다. 좀 많이 어수선하

● 1962년 6월 6일 고려대생 2,000여 명, 같은 달 8일 서울대생 1,000여 명이 한미행정협정 체결 촉구 시위를 했다. 5·16쿠데타 후 첫 시위였다. 계기는 그해 봄 임진강 부근에서 나무꾼이 미군에게 살해당한 것에 이어 파주에서 미군들이 한국인 소년을 도둑으로 몰아 사형私刑을 가해 결국 죽게 만든 것이었다. 학생들은 주한 미군의 법적 지위를 제대로 규정해 불평등한 관계를 바로잡아야 한다고 주장했다. 한미주둔군지위협정은 1966년 체결돼 1967년 발효되지만, 2002년 효순·미선 사건을 비롯한 숱한 사안에서 드러난 것처럼 독소 조항이 많았다. 한편 한국 국회의 비준을 거친 협정이라는 점에서 한미행정협정이 아니라 한미주둔군지위협정이라는 표현이 더 적절하다.

지 않았나. 그런데 군인들이니까 이걸 서릿발처럼 무섭게 했을 것
이다. 1961년 6월 1일에는 대학생한테 제복을 입게 했다. 또 고교생
에게 삭발을 하도록 했다. 이런 것들은 일제 말 군국주의에서나 볼
수 있던 것이라고 일부에선 얘기한다. 일제 말에 어른, 아이 할 것
없이 머리를 빡빡 깎게 하지 않았나. 대학생에게 제복을 착용하게
한 것도 단적으로 이야기해서 군사 문화다. 나도 1967년 대학에 들
어갔을 때 입었다. 가난한 사람들은 이걸 입는 게 제일 편했다. 값
이 쌌기 때문이다. 하여튼 학생들에게 제복을 입게 해서 군인처럼
획일화된 모습을 갖게 했다.

— 12·12쿠데타 후 전두환 신군부 세력도 5·16쿠데타 세력이 한
   방식을 이어받아 사회 정화 운동을 대대적으로 펼쳤다. 대표적
   인 사례가 삼청교육대다. '군사 정권이 깡패 하나는 시원하게
   처리했다'며 좋게 평가하는 이들도 일부 있지만, 삼청교육대에
   끌려간 사람 중 상당수는 폭력배와 거리가 멀었다. 민주화 운
   동에 관계한 사람은 물론 그런 운동과는 무관한 이들도 강제
   할당제에 엮여 많이 끌려갔다. 이웃과 분쟁을 벌이던 중 경찰
   서에서 '인원이 부족하니 새마을 교육 받으러 가야겠다'는 이
   야기를 들은 후 끌려간 사람, 자장면 내기 화투판을 구경하다
   가 도박죄 명목으로 끌려간 사람 등 어처구니없는 사례가 많
   다. 그렇게 사람들을 끌고 간 삼청교육대에서는 끔찍한 인권
   유린이 자행됐다. 이런 점을 고려하면, 5·16쿠데타 세력의 사
   회 정화 작업도 다시 살펴볼 필요가 있어 보인다. 어떻게 생각
   하는지 궁금하다.

1961년 5월 26일 부랑아로 불리던 이들을 서울 시립 아동 보호소에 수용하는 모습. 4월혁명 때 껌팔이, 신문팔이, 구두닦이, 실업자, 한마디로 불우하고 부랑아로 불리던 사람이 많이 참여했다. 그러나 4월혁명 역사에서 이 사람들은 지워진 사람들이었다. 사진 출처: 국가기록원

깡패 소탕이란 부분에 대해선 여러 가지로 생각해봐야 한다. 왜 그렇게 해야 하느냐. 이게 군대 파시즘이라고 할까, 이런 데서 항용 하는 짓이다. 다른 나라에서도 자주 볼 수 있다. 예컨대 12·12 쿠데타와 5·17쿠데타가 나고 나서 제일 피해를 많이 본 것이 부랑아로 불린 사람들이다. 1980년 10월 신군부가 '사회악 사범' 6만여 명을 일제 검거해 그중 4만 명가량을 군부대에 끌고 가 '순화 교육'을 한다고 발표했다. 운동권도 걸려들었지만 부랑아로 불리던 이들이 많이 걸렸다. 그렇게 삼청교육대로 끌려간 사람들에 대해서는 훗날 인권 유린이라고 해서 부분적으로 보상도 받게 하고 그랬다. 죽은 사람을 포함해 그렇게 했다. 그만큼 우리 사회가 그래도 전보

다는 좋아진 것으로 생각할 수도 있다. 그런데 박정희 정권 때 있었던 깡패 소탕에 대해선 시원하게만 생각했다. 이게 참 문제다. 그만큼 우리 사회가 그때는 인권 문제 같은 것을 충분히 생각하지 못하던 시기가 아니었나 하는 생각이 든다.

1960년 4·19 그날 그리고 4월 25일과 26일, 또 마산에서 특히 4월 11일과 12일 이런 시위 투쟁에 껌팔이, 신문팔이, 구두닦이, 실업자, 한마디로 불우하고 부랑아로 불리던 사람이 적극적으로, 많이 참여했다. 4월혁명 때 제일 많이 죽은 것이 그 사람들이라고 이야기하지 않았나. 중·고등학생 사망자 수보다도 많다. 1980년 광주항쟁 때도 이 사람들이 제일 많이 죽었다. 통계에 그렇게 나온다.

4월혁명 때 이 사람들이 큰 역할을 했다. 4월 19일 정오 무렵 시위대가 경무대(오늘날 청와대) 쪽으로 향하면서 사태가 이승만 정권에 정면 대항하는 쪽으로 방향이 바뀌는 데는 이 사람들의 역할이 컸다. 4월 25일 밤늦게 그리고 4월 26일 새벽부터 계속된 시위에서도 대학생들은 그리 많지 않았고 이 사람들이 크게 활약했다. 그런데도 4월혁명 역사에서 이들은 지워진 사람들이었다. 오히려 '4월혁명을 더럽혔다', 이런 식으로까지 많은 사람이 그 당시에 생각했고 지금도 그렇게 생각하는 사람들이 있다. 그것에 대해서도 다시 한 번 살펴봐야 한다. 4월혁명 이야기할 때도 한두 마디를 하고 넘어갔지만, 이런 점을 깊이 생각해야 한다.

깡패 전성시대는
4월혁명으로 이미 막 내렸다

— 부랑인으로 불리는 이들에 대한 사회의 차가운 시선은 오늘날까지 이어지고 있다. 예컨대 1980년대에 벌어졌고 얼마 전 다시 부각된 형제복지원 참사도 그런 시선과 무관치 않다. 다시 5·16쿠데타 이후 상황으로 돌아가면, 쿠데타를 일으킨 지 불과 닷새 후인 1961년 5월 21일 쿠데타 세력이 기획한 '깡패들의 행진'은 사람들에게 강한 인상을 남겼다. 이승만 집권기에 활개 치던 정치 깡패들이 바로 이 '깡패들의 행진'을 분수령으로 힘을 잃었다는 이야기도 있다. 근거가 충분한 이야기인가?

깡패들을 잡아들이기 시작하는 건 사실은 허정 과도 정부 때다. 임화수를 비롯한 주요 정치 깡패 두목들은 1960년 4월 18일 밤 청계천 종로 4가 거리에서 고려대생들을 두들겨 팬 사건 때문에 그전에 이미 잡혀 들어왔다. 4월혁명으로 우리나라에서 깡패 시대는 사실상 끝난 것이다.

깡패 전성시대는 전쟁으로 불우한 청년, 소년들이 워낙 많았고 사회 분위기도 어수선했던 1950년대 한국 사회의 특별한 상황 때문에 생겼다. 또 해방 직후부터 극우 청년 단체의 테러가 아주 심했는데, 그러한 청년 단체를 따라다니던 자들 중 다수도 (정치) 깡패가 될 수밖에 없었다. 자유당 정권은 이러한 깡패하고 일정하게 관계를 맺고, 야당 집회를 습격하게 하는 등 깡패들을 자신들의 정치적 도구로 삼아 활용했다. 특히 이기붕은 일제 말 종로의 모 음식점에서 지배인을 하면서 깡패들의 위력을 알게 됐는데, 겉보기와 달

"나는 깡패입니다"라는 현수막 앞에서 정치 깡패 이정재가 이름표를 목에 걸고 걷고 있다.
사진 출처: e영상역사관

리 깡패들을 아주 잘 다뤘다. 그런 것 때문에 깡패가 1950년대에 그렇게 활개를 치고 위세가 당당하고 정치적으로도 중요한 역할을 한 것이다.

─── 정치 깡패 전성시대는 4월혁명으로 막을 내린다고 볼 수 있지만, 한국 정치에서 깡패 문제가 완전히 사라지는 건 아니지 않나? 1987년 4월 전국을 떠들썩하게 만든 '용팔이 사건'이 대표적인 사례다. 대통령 직선제 개헌을 요구하는 야당(통일민주당) 창당 대회장에 깡패들이 난입해 폭력을 행사한 이 사건의 배후에는 전두환 정권이 있었다. 장세동 국가안전기획부장이 정권에 협조적이던 다른 야당의 두 의원에게 거액을 건네 깡패들에게 창당 방해를 사주하게 한 사실이 훗날 드러났다.

'용팔이 사건'의 깡패들은 1950년대 정치 깡패와는 성격이 다르다. 박정희 정권과 전두환 정권 때 중앙정보부와 그 후신인 안기부 같은 곳에서는 어떤 깡패들이 어디서 무엇을 하고 있는지 잘 파악하고 있었다. 그걸 다 잡아들이는 대신 잘 관리하고 길들였다가 때에 따라 동원하는 식이었다고 볼 수 있다. 1950년대와는 상황이 크게 다르다. 그때 정치 깡패는 규모가 훨씬 컸고 그야말로 자유당의 한 기관이었다.

허정 과도 정권이건 장면 정권이건 법치를 하려고 애를 많이 썼다. 법치주의 국가가 되고 사회가 정상화되면 깡패는 사라질 수밖에 없었다. 깡패를 이미 많이 잡아들이기도 했다. 5·16쿠데타 정권이 깡패를 잡아들인 것은 그렇게 대단한 건 아니었다. 그런데 다른 무엇보다도 군인들이 깡패를 잡아들인 게 더 가시적으로 보였다. 많이 잡아들였기 때문이기도 하지만, 거리 행진도 시키고 한 것이 눈에 확 들어왔다. 나중에 보면 4200여 명을 검거했고, 그중 965명은 국토 개발 사업장으로 끌려간 것으로 나온다.

5월 21일 깡패들은 거리 행진을 하며 자숙하겠다고 약속한 것으로 돼 있다. 총을 든 군인들이 대로변에 쫙 늘어서서 지키고 있는 모습이 인상적인데, 이 사람들은 "나는 깡패입니다. 국민의 심판을 받겠습니다"라는 팻말을 걸고 행진했다. 이런 가시적인 게 사람들한테 강한 인상을 줬나 보더라. 그런데 이것도 사실은 인권 유린이다. 아, 잘못이 있으면 깡패라도 형법에 따라 다스리고 처벌하면 되는데 그게 아니라 불법적으로 조리를 돌렸다. 조선 시대나 중국 명·청 시대에 통용될 수 있는 방식이었다. 군인들이니까 이런 걸 한 것이다. 이런 걸 군대 파시즘이라고 하지 않나. 그런 점에서도 그 당시 일부 시민들이 '시원하다. 잘했다'고 이야기한 것에 대해 지금 와서는 다시 생각을 해야 한다.

거물은 살아남고
행동대는 형장의 이슬로 사라지고

── 일부 정치 깡패는 5·16쿠데타 세력에게 처형당하지 않았나.

군사 정권이 '혁명 재판' 같은 걸로 죽인 사람 중 이야기가 많이 되는 게 6명이다. 민족일보 사장 조용수, 사회당 간부로 남북 협상을 주장한 최백근, 그리고 3·15 부정 선거에 앞장선 전 내무부 장관 최인규, 그리고 나머지 3명은 깡패거나 깡패와 비슷한 사람으로 돼 있다. 이정재, 임화수, 곽영주다.

경무대 경무관 곽영주는 세도가 아주 당당했던 걸로 소문이 자자했다. 그러나 이 사람은 원래 이정재, 임화수하고 의형제 비슷한 사람이고 그쪽 방면에서 활동하다가 경무대에 특별히 발탁된 인물이다. 이정재, 임화수와 똑같이 이승만 정권 권력의 끈이 완전히 떨어지니까 지연, 학연으로 얽혀 있는 자유당 거물들과 달리 전혀, 어느 누구도 구제하려 하지 않은 것 아닌가. 그러니까 군사 정권이 전시 효과를 노리고 가장 쉽게 죽일 수 있는 사람들이었다. 이정재 수하였다가 1958년 이정재가 무력한 존재가 되면서 급속히 부상한 임화수만 보더라도 깡패 시대, 특히 1958~1960년에는 대단한 세도가였을 뿐만 아니라 극장가, 연예계를 주름잡지 않았나. 이승만 동상을 세울 때에도 극장가를 동원해 거금을 거둬들이는 데 큰 공을 세웠고, 3·15선거 때는 이 대통령을 찬양하는 영화를 돌렸다. 중요

1961년 7월 혁명 재판소와 혁명 검찰부 현판식. 민족일보 사장 조용수, 사회당 간부로 남북 협상을 주장한 최백근, 3·15 부정 선거에 앞장선 최인규, 정치 깡패 이정재, 임화수, 곽영주가 '혁명 재판'을 거쳐 사형됐다. 사진 출처: e영상역사관

한 감투도 아주 많이 썼다. 그러면서 김희갑이라는 희극 배우를 두들겨 팬 것이 말썽이 되고 그랬었다. 그야말로 사회 저 밑바닥에서 올라온 불우한 출신으로 세도가 뻗칠 때는 문교부 장관을 노린다는 소문도 돌던 자였다. 그렇지만 이 사람, 이승만 정권이라는 권력의 끈이 떨어지면 지연도, 학연도 없었기 때문에 사고무친四顧無親이었다. 그러면 제일 희생양으로 끌려가기 좋은 대상이었다.

─ 온갖 반민주 행위를 한 이승만 정권의 거물들 중 처형된 건 최인규 한 사람뿐이었다. 나머지는 모두 살아남았다. 부정 축재자들에게도 박정희 집권기는 조금도 나쁜 시기가 아니었다. 이에 비해, 이승만 집권 연장을 위해 행동대로 나섰던 일부 정치 깡

패들은 목숨을 잃었다. 정치 깡패들이 한 짓은 결코 옹호할 수 없는 것이긴 하지만, 반민주 행위를 기획하고 사주한 거물들과 행동대의 엇갈린 처지는 여러모로 생각할 거리를 던져준다.

나는 특히 이정재의 경우는 너무 심한 인권 유린이라고 본다. 이정재는 자유당 간부로 우리나라 정치 깡패를 대표하는 사람이다. 이정재하고 시라소니, 이정재하고 김두한, 김두한하고 시라소니가 붙으면 누가 이기겠는가, 이런 게 당시 많은 사람의 관심사였다. 깡패 시대에는 그게 참 화제였다. 직접 안 붙었다. 세 명 다 각각 특기가 있는 사람들인데 김두한은 피한 것으로 돼 있고, 이정재는 시라소니와 직접 붙는 걸 두려워했다. 시라소니가 워낙 독한 사람이지 않았나.

이정재는 자유당 감찰부 차장이라는 고위직에까지 올랐다. 그야말로 주먹계의 왕자였다. 김두한은 정치계로 나와 국회의원이 됐고 대한노총 고위급 간부도 맡았다. 시라소니는 '도코다이'였다. 이정재는 정치계에서도 대단한 활약을 했다. 이기붕 권력을 강화하는 데 큰 역할을 했다. 그래서 사람들이 깡패, 특히 정치 깡패 하면 누구나 이정재를 떠올렸다.

이정재는 그래도 유식한 사람이었다. 글을 아는 사람이었다. 김두한하고 달랐다. 어쨌든 5월 21일 거리에서 조리돌릴 때 제일 앞에 세운 게 이정재였다. "이정재"라는 팻말을 목에 걸고 행진했다. 그만큼 군사 정권이 전시 효과를 노리고 이정재를 써먹기 좋았다. 그러나 생각을 해보자. 이정재는 1958년부터 끈 떨어진 뒤웅박이었다.

—— 왜 그렇게 됐나.

이정재는 국회의원이 되려고 고향(경기도 이천) 사람들에게 정말 잘해줬다. 때가 되면 학생들에게 공책과 연필도 돌리고, 청탁도 들어줬다. 김두한처럼 국회의원 되는 게 이 사람 소망이었다. 나왔으면 틀림없이 됐을 거라고 예상했다. 그런데 이기붕이 1958년 5·2 선거 때 서울서 당선되기 어려울 것 같으니까 이정재 자리를 빼앗아 이천 가서 당선된다. 그렇게 공들인 지역구를 일순간에 뺏기게 되자 이정재가 처음엔 저항을 많이 했다. 그렇지만 상대가 누구인가. 자기 직접 상관 아닌가. 나중에는 굴복했다.

이기붕은 여기서 멈추지 않았다. 이정재를 내쳐버리고 임화수를 정치 깡패의 제일 앞잡이로 뒀다. 그러면서 신도환을 중심으로 대한반공청년단이 만들어졌을 때 임화수는 반공청년단 종로구단 단장, 그리고 이정재 밑에 있던 유지광은 종로구단 동부특별단 단장을 맡아 맹활약하지 않나. 임화수는 반공예술인단까지 만들었다. 그때부터 사실 정치 깡패의 중심축은 이정재에서 임화수, 유지광한테 넘어간 것이다. 물론 임화수와 유지광은 그전부터 정치 깡패였다.

이정재는 끈 떨어진 신세가 돼가지고 공부도 한 걸로 돼 있다. 이정재는 1958년 4월 신흥대(오늘날 경희대)를 졸업했다. 그러니까 더 이상 눈에 띌 만한 깡패 짓을 못 했다. 그렇지만 일반인들은 결코 이정재를 잊지 않았다. 이승만 정권이 무너져 내리던 1960년 4월 25일 동대문 일대가 시위대에게 점거됐을 때, 1950년대에 동대문 일대 상가에서 꼬박꼬박 '세금'을 거두며 밤의 황제 노릇을 했던 이정재의 집도 임화수의 집과 함께 부서졌다. 그때도 일반인들의 뇌

리에는 정치 깡패, 나쁜 놈 하면 제일 먼저 이정재가 떠올랐던 것이다.

이기붕이 자살하던 날 이정재는 구속돼 재판을 받았다. 5·16 쿠데타가 일어나자 이정재도, 시라소니도 모두 걸려들었다. 그런데 하필이면 두 사람은 같은 감방에 갇혔다. 이때 이정재는 떨지 않을 수 없었다. 두 사람 사이에 사연이 많은데, 뭐냐 하면 한국전쟁이 나고 부산에서 피란하던 시절 깡패들에게 짓밟힐 뻔한 이정재를 시라소니가 구해준 일이 있었다. 그 후 시라소니는 이정재에게서 종종 '용돈'을 얻어 썼다. 그런데 이 '용돈' 요구가 많아지자 이정재는 시라소니를 폐쇄된 자기 사무실에 오게 한 다음에 부하 주먹들에게 시라소니를 처치하게 했다. 닫힌 공간에서 쇠파이프, 손도끼, 몽둥이들이 날아왔고 천하무적이라던 시라소니는 결국 반송장이 됐다. 이정재는 그것도 확인할 겸 부하를 병실로 보내 시라소니에게 다시 린치를 가했다. 그때부터 시라소니는 폐인처럼 됐는데, 자신을 그렇게 만든 이정재를 감방에서 만난 것이다. 그때 시라소니는 모든 것을 용서해줬다고 한다.

얘기가 옆길로 샜는데, 쿠데타 주동자들은 일반인들이 아직도 이정재를 미워하고 있는 것을 잘 알고 있었다. 군부 정권의 이정재 공소장을 읽어보면 '이정재 죄목이 더 많을 것 같은데 왜 이것밖에 못 적었나. 너무 빈약하다'고 할 정도로 시시한 것만 나열해놨더라. 그것은 몇 년 징역형을 때리거나 집행 유예 또는 그 이하로 처리해도 될 정도로 낮은 죄목이었다.

그런데 거듭 얘기하지만 이 사람은 희생양으로 써먹기가 너무 좋았다. 그래서 죽이는 것도 빨리 죽였다. 앞에서 이야기한 6명 중 5명은 1961년 12월 21일에 죽이는데, 이정재만은 10월 19일에 죽였다. 무려 두 달여나 빨리 집행했다. 혁신계 인사로 이정재와 같은 감방에 있었던 양수정의 책을 보면 그때 이정재가 끌려가는 모습에 대해 쓴 부분이 있는데, 이정재는 그전에도 감방에서 여러 사람과 대화할 때 자기가 죽을 거라는 생각은 눈곱만큼도 안 했다고 한다. 당연한 일이다. 자기가 한 일이 1958년 이후엔 없었기 때문이다. 감방에서도 몸집만 컸지, 그 유명한 깡패 두목 이정재라는 이미지와는 전혀 어울리지 않게 순박했다고 한다. 그런데 갑자기 끌려가서 사형이 집행된 것이다. 시원하다고 하기 이전에 이 시기 군부 정권의 이런 행태를 어떻게 볼 것인가를 다시 평가해야 한다.

장준하는 왜 5·16쿠데타 직후
"군사 혁명"이라 했나

장면 정권과 5·16쿠데타, 열 번째 마당

김 덕 련 5·16쿠데타를 열렬히 지지한 사람들도 있었을 것 같다. 어떤 사람들이 그러했나.

서 중 석 있었다. 극우 반공 세력이라고 해도 좋은데, 이 세력은 장면 정부 때 위기감을 계속 느끼고 있었다. 혁명 입법이라고 해서 언론에서 계속 반민주 행위자와 부정 축재자 등을 철저히 다스려야 한다고 했기 때문이다. 자유당 간부급 이하조차 문제를 삼게 되면서, 이승만 정권에서 혜택을 받은 많은 사람이 불안하게 된 것이다.

사실 장면은 혁명 입법을, 헌법 개정안을 통과시키고 특별법 4개를 만들어 한다고 했지만 제대로 안 했다. 자유당하고 같은 패까지는 아니어도 자유당이나 민주당이나 비슷비슷한 사람이었는데 어떻게 제대로 단죄하겠나. 부정 선거 책임자, 발포 책임자를 포함해 반민주 행위자를 철저히 징치하지 않았다.

다른 건 제대로 못했어도 단 하나 철저히 숙청한 건 사찰계 경찰이었다. 이승만 정권이 이걸로 지탱했다고까지는 못할지 몰라도 이승만 정권에서 특히 악명 높은 게 사찰계 경찰이었다. 여긴 친일파의 아성이었다. 친일파가 거의 다, 이승만 정권이 시작될 때부터 진을 치고 있었다. 민주당이 이 사람들한테 제일 심하게 당했다. 그래서 거의 다 바꿔버렸다.

이것에 대해 경찰이나 극우 반공 세력은 '이러면 어떻게 빨갱이를 잡느냐'는 생각을 할 수가 있었다. 또한 1960년 12월에 네 차례에 걸쳐 지자체 선거가 있었다. 읍장, 면장, 읍의원, 면의원을 그때 다 뽑았다. 대다수 당선자는 자유당 하부 기관에서 일했던 사람들이다. 지역에서 힘깨나 쓰던 사람들인데, 지역에 근거가 있었기 때문에 하루아침에 무력한 존재가 되지는 않았다. 무소속으로 나와서 많이 됐다. 이들이 지방 유지인데, 이 세력도 '장면 정권 이거 되겠어? 우리 자유당만 때려잡고', 이런 생각을 안 할 수가 없었다.

통일 운동 때문에 쿠데타?
그전부터 나라 뒤엎을 계획 세웠다

— 4월혁명 후 통일 운동이 활발하게 일어났다. 극우 반공 세력
　은 이를 사회 혼란으로 규정했다. 일각에서는 이런 혼란 때문
　에 '5·16혁명'이 불가피했다는 주장도 한다. 이런 주장, 어떻게
　보나.

1960년 가을 들어 중립화 통일안이 퍼진다. 1961년 2월엔 민족자주통일협의회(민자통)가 생기면서 통일 문제가 강하게 제기됐다. 이 무렵 2대 악법 반대 투쟁도 일어났다. 장면 정부가 반공법하고, 나중에 집회 및 시위에 관한 법률로 알려졌는데 이때는 데모 규제법이라고 불린 걸 만들려고 하니 반대 운동이 당연히 벌어진 것이다. 1961년 5월 초에는 서울대 민족통일연맹(민통련, 1960년 11월 발기 모임이 열림)을 넘어 19개 대학에서 참여한 민족통일전국학생연맹 결성준비위원회가 생겼다. 그러면서 "가자 북으로, 오라 남으로", "남북 학생 판문점에서 만나자", 이러지 않나.

이것 때문에 5·16쿠데타가 일어났다고 볼 수는 없다. 쿠데타 세력은 훨씬 이전부터 계획을 세워놓았다. 다만 좋은 핑계거리를 줬다고는 볼 수 있다. 어쨌건 반공 의식을 강하게 가진 일반인 중 상당수가 이걸 불안하게 볼 수는 있었다. 더군다나 극우 반공 세력

은 그렇잖아도 여러 가지가 불안한 상태였다. 군부에서도 일부는 불안하게 생각하지 않았겠나.

—— 장면 정권을 비판한 건 극우 반공 세력만이 아니지 않았나.

여러 사람이 이야기한 것처럼, 장면 정권은 양측으로부터 심한 공격을 받고 있었다. 극우 반공 쪽으로부터 '너희들 무능한 것 아니냐'고 공격을 받고 있었고, 진보 세력도 '장면 정권이 무너져야 한다'고 외쳤다. 진보 세력이 참을성이 없었다고 할까, 통일 운동을 이승만 정권이 너무나도 억압했는데 상황이 달라져 그걸 할 수 있게 돼 그랬다고 할까.

특히 장면 정권의 중요한 기반의 하나로 볼 수 있는 서북 세력에서 통일 운동에 대해 굉장히 두려워하고 있었다. 서북 세력은 군에도, 재계에도, 경찰에도 다 들어가 있었다. 반공이 제일 센 데가 서북 세력이었다. 장면이 서북, 그러니까 평안도 계열이지 않나.* 장면 내각에는 평안도 사람이 꽤 있었다. 그런데 이 사람들도 4월 혁명 후 통일 운동 등을 두려워하게 된 것이다. 그러니까 장면 정부가 여러 가지로 어렵게 된 점이 있었다.

어쨌든 이 세력이 쿠데타를 지지한다. 심지어 장면 정부에서 상공부 장관을 지낸 주요한(한국 최초의 근대시로 꼽히는 '불놀이'를 지은 인물)은 '혁명'이라고 하면서 열렬히 반기고 구세주와 비슷하게 표현했다. 난 그걸 보고 깜짝 놀랐다. 이 사람은 일제 말에도 그렇게

⊙ 장면이 태어난 곳은 서울이지만 그의 부친이 평안도 출신이었다. 장면은 일제 강점기 때 가톨릭 평양 교구에서 활동하기도 했다.

1961년 3월 28일 서울역에서 열린 용공 세력
규탄 궐기 대회에 참석한 시민들이 행진을
하고 있다. 4월혁명 후 통일 운동이 활발하게
일어나자, 극우 반공 세력은 이를 사회 혼란으로
규정했다. 사진 출처: 국가기록원

일제 침략 전쟁을 찬양하더니만 이때도 이런 모습을 보였다. 주요한은 장면과 가까운 사이였는데도 그렇게 나오더라.

— 4월혁명 후 통일 운동에 적극 참여한 이들은 쿠데타에 어떤 반응을 보였나.

부유한 사람이 아니면 대학에 들어가기가 어려운 때였다. 대학생 상당수가 부유한 반공 가족의 일원이었다고 볼 수 있다. 민통련이 셌다고 얘기하지만, 민통련 관계자들이 이런 이야기를 하더라. "그러나 우리가 소수였다." 민통련이 1960년 11월부터 활동하는데 1961년 2·8 투쟁, 그러니까 한미경제협정 반대 투쟁을 할 때도 함께 활동한 학생들은 몇 백 명 수준이었다.

2대 악법 반대 투쟁 때는 그보다 훨씬 많은 인원이 참여했지만, 1961년 5월 초 민통련이 아주 적극적으로 움직일 때 그렇게 지지자가 많았느냐. 여러 관계자에게 물어봐도 그건 잘 알기가 어렵다. 물론 5월 13일 남북 학생 회담 환영 및 통일 촉진 궐기 대회가 열린 서울운동장에 모인 건 3만 명이라고 보는 게 맞는 것 같다. 8,000명으로 보도한 신문도 있지만, 3만 명 쪽이 더 맞는 것 같다. 그게 참가자가 최고로 많았던 것이 아니었느냐, 난 그렇게 본다.

어쨌거나 급진 세력, 진보 세력 중 다수는 5·16쿠데타에 눈앞이 캄캄했다. 쿠데타의 성격을 잘 알고 있었고, 그래서 그것에 명백히 반대하며 피신하고 그랬다. 그런데 운동권이 쿠데타에 대해 어떤 생각을 했느냐 하는 것도 사실 그렇게 간단하지 않다. 조금 있으면 5·16 군사 정권에 흡수되는 사람도 있기 때문이다. 그런 걸 볼 때, 학생들이 쿠데타에 어떤 입장을 취했느냐는 건 여러 가지로 분석해야 한다. 그 이후 1960년대 총학생회의 행동 같은 것에서도 마찬가지로 이런 걸 감지할 수 있다. 당시 제일 데모를 잘한다는 데가 서울대 문리대였고 내가 거기 다녔는데, 거기 학생 중에도 항상 보수파가 있었다. 학생회장도 그러해서, 박정희 정권을 지지하기도 했다. 어느 한쪽만 있던 게 아니다.

제일 재미난 건, 혁신계 중에서 쿠데타 후 잡힌 사람들은 감옥소에 다 들어갔는데 그중 일부가 감옥소에 가서도 쿠데타를 지지한 걸로 알려져 있다는 것이다. 그분들 중 한 분한테 들은 이야기인데, 1963년 민정 이양으로 대통령 선거를 할 때 윤보선이 아니라 박정희를 찍는 게 좋다고 생각한 사람들도 있었다고 한다. 이유는 간단하더라. "윤보선은 분단 세력이고 한민당 골수분자 아니냐. 어떻게 우리 혁신 세력이 윤보선을 찍는다는 말이냐." 혁신 세력은 장면 정권, 윤보선 대통령 할 것 없이 다 미워했다. 그들은 분단 세력이고 정말 나쁜 수구 세력이라고 본 것이다. 그와 달리 박정희는 좌익이던 박상희의 동생이라는 말이 감옥소 안에서 돌았을 수도 있고, 여러 가지가 작용해 일부에서 그런 모습도 나타났다.

지식인의 경우도 어느 하나로 딱 얘기할 수 없다. 다만 나중에 민주공화당에 참여하는 사람들, 국가재건최고회의 의장 고문이나 보좌 역할을 하는 사람들 중엔 알려진 지식인들이 있었다. 그런 경우 김종필이 탁월한 역할을 많이 했다고 하더라. 김종필은 박정희와 달리 대중 연설도 잘했을 뿐만 아니라, 논객으로서 설득력이 대단히 강했다고 한다. 거기에 참여한 유명한 정치학자 같은 사람들의 글 중에는 '그의 얘기에 설복당해 우리가 넘어갔다'는 것도 나온다. 물론 그렇지 않은 지식인도 많았기 때문에, 지식인들이 5·16쿠데타에 어떤 태도를 취했느냐 하는 문제도 이야기하기가 쉽지 않다.

"민족주의적 군사 혁명",
장준하는 5·16쿠데타에 대해 왜?

─── 이 문제가 나올 때마다 빠지지 않고 거론되는 사람이 장준하
다. 박정희의 라이벌인 장준하도 5·16쿠데타를 "민족주의적
군사 혁명"으로 높이 평가했으며 이는 5·16쿠데타가 시대의
대세였음을 보여주는 증거라는 주장이 끊이지 않는다. 이런 주
장, 어떻게 평가하나.

이 문제와 관련해 장준하에 관한 논쟁이 제일 많았다. 그래서
여러 글에 등장한다. 장준하 하면 윤보선과 함께 박정희와 오랫동
안 싸웠고, 그러다 의문의 죽음을 맞은 것 아닌가. 그런 장준하가
5·16쿠데타를 지지했다? 그렇다면 이건 5·16쿠데타에 대한 지지가
그 당시에는 상당히 있었다고 봐야 하는 것 아니냐는 생각을 사람
들에게 갖게 하는 모양이다. 이 부분에 대해서는 심층적으로 이해
할 필요가 있다.

여러 사람이 글을 쓸 때, 장준하가 5·16쿠데타 직후 몇 개 권
두언에서 이야기한 것만 가지고 '장준하가 그렇게 했다', 이런 주장
을 하는 것이 난 잘 이해되지 않는다. 장준하가 1960년 그리고 1961
년 5·16쿠데타가 나기 전에 쓴 글들을 보면 충분히 짐작할 수 있었
던 것이다. 그러면서 장준하가 어떤 분인가를 잘 분석하는 것이 아
니고, 그냥 몇 가지를 가지고 '장준하는 이랬다'고 단정하는 건 좀
잘못된 것 아니냐는 생각을 하고 있다.

또 어떤 사람은 '장준하 이분은 백범 선생의 환생'이라고 써놨
더라. 그것도 맞는 이야기가 아니다. 귀국할 때는 백범 김구의 비서

로 왔지만 이분은 족청이라고 불린 조선민족청년단에서 상당한 활동을 했다. 그래서 일각에선 족청 단장이던 이범석과 깊은 관계가 있는 것 아니냐고 의심하기도 하지 않나. 백범이 비명에 사거(1949년 피살)했는데, 다 알다시피 이범석은 정부 수립 때 백범과 완전히 갈라서고 이승만 사람이 됐고 백범에게 위해가 가해질 때 이름이 오르내리기도 했다. 그리고 한국전쟁 직후까지만 하더라도 장준하는 이승만 정부에 그렇게 비판적이지 않았다. 1953년《사상계》가 처음 나올 때도 그랬다. 장준하가 이승만 정부를 비판하는 건 1950년대 중반 이후다.

왜 그런가도 생각해봐야 한다. 장준하 이분이 냉전 의식을 완전히 털어버리고 우리가 아는 그 유명한 민족주의자가 되는 건 어떻게 보면 1972년 이후라고 하는 게 더 맞다고 볼 수 있다. 그 이전엔 대단한 활동가, 아주 영향력이 있고 중요한 역할을 한《사상계》를 이끈 분, 또 한일 회담 같은 때 박정희 반대편에서 중요한 역할을 한 분, 그러니까 냉전 의식은 가졌지만 박정희와는 숙명의 라이벌이 될 수밖에 없는 투쟁을 많이 했던 분이었다고 볼 수 있다. 그런 투쟁에서는 항상 희생적인 역할을 맡았다고 할까, 남이 못할 소리를 과감하게 했다. 예컨대 한국비료 사건 때 박정희 대통령에게 "밀수 왕초"라고 한 건 장준하가 아니면 못할 이야기였다. 이렇게 장준하의 결연한 모습과 냉전 의식 등을 종합적으로 보면서 판단하는 것이 아니라, 몇 가지만 가지고 장준하를 판단하는 면이 있다.

장준하가 장면 정권을
비판한 이유

— 4월혁명과 5·16쿠데타를 전후한 시기, 장준하는 어떤 모습을
보였나.

동아일보가 한 역할만큼 크지는 않았어도 장준하와《사상계》
는 4월혁명에서 중요한 역할을 했다. 1958년, 1959년, 1960년 초에
나온《사상계》를 보면 이승만 정권을 아주 강하게 비판했다. 1960
년 4월 제2차 마산 시위가 일어났을 때도 정권을 비판하는 논조를
강하게 띠고 있다. 4·19 이전에 이미《사상계》는 상당한 역할을 했
고 특히 4·19가 난 직후인 1960년 6월호 같은 건 정말 잘 만들었다.
《사상계》를 돋보이게 했다.

이렇게 4월혁명 초기에는《사상계》가 아주 중요한 역할을 많
이 했고 그 선봉에 장준하가 서 있었다. 1960년 8월호에 실린 '혁명
상미성功革命尙未成功'은 장준하의 명문으로 알려져 있다. 나도 많이
인용하는 건데, 이거다.

"해외에서 독립 운동을 하였다는 인사들은 백안시를 당하고
그래도 조국 독립을 위하여 남북 만주나 중국 대륙에서 일생을 바

● 한국비료 사건은 1966년 9월에 터진 사카린 밀수 사건을 말한다. 삼성 계열사에서 일본
미쓰이로부터 사카린을 밀수입하다 적발된 사건이다. 청와대와 삼성의 유착 의혹이 제
기되면서 사태는 일파만파로 번졌다. 장준하는 1966년 10월에 열린 규탄 대회에서 "밀
수 왕초는 바로 박정희"라고 거침없이 주장했다가 구속됐다. 이병철 삼성 회장의 큰아들
이맹희는 훗날 회고록에서, 박정희 대통령과 이병철 회장이 공모하고 정부 기관들이 감
싼 조직적인 밀수였으며 자신이 현장에서 사카린 밀수를 지휘했다고 증언했다. 한편 이
사건이 드러난 후 김두한 의원이 국회 본회의장에서 정일권 국무총리 등에게 "국민들이
주는 사카린"이라며 똥물을 투척했다가 제명되기도 했다.

친 혁명 선배들의 유가족들은 가두에서 문전걸식을 하게 되는 등 의는 떠나고 불의만 성장하여 충천하는 세력으로 이 땅을 뒤덮게 되었다. 누가 다시 애국을 하리오. 누가 다시 의에 살리오. 누가 자기의 몸을 민족의 흥망을 거는 제단에 불사르리오."

그 당시엔 독립 운동가를 다 혁명가라고 했다. 정말 대단한 문장 중 하나다. 장준하 같은 분이니까 이런 뛰어난 문장을 썼을 것이라고 보는데, 혁명적으로 4월혁명을 해결하지 않으면 안 된다는 것이었다. 그 당시엔 보수적인 언론도 이런 논조를 폈다.

그런데 그해 11월호 《사상계》를 보면 다른 주장이 나온다. 중립화 통일론이 등장하고, 조금 있으면 민통련이 11월 1일 통일론을 주장하고 나올 때다.* 그런 통일론은 보수 세력을 깜짝 놀라게 했다. 이때 장준하가 '이데올로기적 혼돈의 극복을 위하여'라는 권두언을 썼다. '소련이 세계 적화를 위해 무슨 짓이든 다 하고 있고 그런 침투 작용 중 하나가 정신을 부패시키는 것인데, 한국 사람들 사이에서도 반미적 언사가 튀어나오고 중립 국가를 만들려 노력하기까지 이르렀다', 이런 내용이다. 여기서 문제 삼은 한국 사람들이란 통일 운동을 하는 사람들을 가리키지 않나 싶은데, 어쨌건 이만큼 한국이 위태롭고 평화 공존, 중립화 같은 술책에 넘어가고 있다고 주장하는 글이다.

—— 장준하의 눈에는 장면 정권이 그런 통일 운동을 제대로 누르

* 1960년 11월 1일 민통련 발기 모임 참석자들은 대정부 및 사회 건의문을 채택했다. 기성 세대는 분단의 책임을 지고 통일에 관한 젊은이들의 발언을 억압하지 말 것, 적극 외교로 전환해 총리가 미국과 소련을 방문할 것, 남북 서신 교환을 한시바삐 시행할 것 등이 주요 내용이다.

지 못하는 것으로 비쳤을 것 같다.

그렇다. 이듬해 장면 정부의 국토건설본부에 참여하는 장준하가 장면 정부를 나중에 비판하는 이유가 있었던 것이다. 장면 정부가 그런 걸 못 막았다는 것이다. 장준하(평안북도 의주 출생)뿐만 아니라 서북 사람들이 대체로 그랬다. 1960년 12월호에 쓴 권두언 '1960년을 보내면서'에서도 비슷한 소리를 하고 있다. 환상적 통일 논리를 주장하고 있다고 하면서 그걸 아주 강하게 비판하고 있다. 1961년 신년을 맞아 또 비판했다. 그러면서 5·16쿠데타가 일어나는 것이다. 5·16쿠데타의 핵심은 반공 태세 재정비 아닌가. 통일 논의를 금압하고 혁신계를 다 잡아들이지 않나. 이것에 대해 장준하는 주요한처럼은 아니겠지만 '그래도 이 위기에서 구한 것 아니냐', 이런 생각이 한쪽에 있었다.

장준하가 이 시기에 자신이 이런 태도를 취한 것에 대해 나중에 이야기하는 것이 있다. 함석헌과 자신이 역할을 나눠, 5·16쿠데타에 대해 한쪽에서는 지지하면서 다른 한쪽에서는 비판했다는 것이다. 어쨌든 많은 사람이 인용하는 것처럼 "민족적 활로를 타개하기 위하여 최후 수단으로 일어난 것이 다름 아닌 5·16 군사 혁명이다"라고 1961년 6월호에 써버렸다. 7월호에 가면 논조가 조금 다르다. 민주주의가 중요하다고 하면서 민정 이양의 필요성을 강조했다. 그렇지만 그해 연말까지 보면 대체로 5·16쿠데타를 지지하는 게 있었다고 볼 수 있다.

그러나 이분은 쿠데타가 나고 나서 얼마 후 중앙정보부에 끌려가 닦달을 당한다. 함석헌이 쓴 글 때문에 끌려갔다. 1962년부터는 《사상계》와 군사 정권이 정면 대립한다. 그러면서 장준하의 투쟁의 면모가 여실히 드러나게 된다.

함석헌의 통찰력
"혁명은 민중의 것… 군인은 못한다"

—— 함석헌은 장준하와 《사상계》를 이야기할 때 빼놓을 수 없는
사람으로 통찰력이 돋보이는 글을 여러 편 남기지 않았나.

장준하와 함석헌을 동시에 생각해야 한다. 《사상계》가 그렇게
유명하게 된 데는 장준하가 물론 절대적인 역할을 했지만 함석헌
의 글도 굉장한 역할을 했다. 함석헌 이분이 널리 알려진 것도 《사
상계》에 글을 쓰면서다. 그전에는 함석헌이라는 사람을 몇 명만 알
았다.

《사상계》가 나온 직후 유명한 글 하나를 썼다. 최남선이 죽었
을 때 《사상계》에서 '육당의 밤', '춘원의 밤' 행사를 열었다. 이렇게
친일파의 밤 행사를 열자 이걸 비판한 것도 같은 《사상계》 쪽 사람
이라고 볼 수 있는 함석헌이었다.

함석헌은 큰 방향에서 틀린 적이 없었다. 항상 옳은 소리를 한
훌륭한 분이다. 이분이 천하에 명성을 알리고 《사상계》를 그렇게
드날리게 한 건 1958년 8월호에 쓴 '생각하는 백성이라야 산다', 바
로 이 글이다. 부제가 '6·25 싸움이 주는 역사적 교훈'이라는 건데,
6·25 싸움에 대해 당시 사람들이 흑백 논리 식으로 알고 있던 냉전
논리를 정면으로 부정한 건 1950년대에 나온 지식인의 글 중 이것
하나뿐이라고 말해도 좋을 만큼 드물다.

"남한은 북한을 소련·중공의 꼭두각시라고 하고 북한은 남한을 미국의 꼭두각시라고 하니 있는 것은 꼭두각시뿐이지 나라가 아니다. 우리는 나라 없는 백성이다. 6·25는 꼭두각시의 놀음이었다. 민중의 시대에 민중이 살아 있어야 할 터인데 민중이 죽었으니 남의 꼭두각시밖에 될 것이 없다."

정말 잘 썼다. 지금 이야기해도 잡혀갈 수 있고 극우들이 '종북'이라고 막 뭐라고 몰아댈 만한 글이다. 1950년대는 너무나도 답답한 사회였다. 다 죽어 있는 사회였는데, 함석헌은 청신한 맛을 보여줬다. 냉전 의식을 깨고 새로운 정신세계를 열었다고 난 본다. 폭탄 같은 충격을 많은 사람에게 줬다. 이렇게 좋은 글을 쓰니, 냉전 시대인데도 그게 또 환영을 받더라. 재미난 나라다.

─── 함석헌은 '5·16을 어떻게 볼까'(《사상계》 1961년 7월호)라는 글에서 장준하와는 다른 논조를 펴지 않았나.

4월혁명과 5·16쿠데타를 비교하며 비판한 글이다. "그때(4월혁명 때)는 믿은 것이 정의의 법칙, …… 양심의 권위, 도리였지만 이번(5·16쿠데타)은 믿은 것이 탄알과 화약이다. 그만큼 (수준이) 낮다. 그때는 민중이 감격했지만, 이번은 민중의 감격이 없고 무표정이다. 묵인이다. …… 혁명은 민중의 것이다. 민중만이 혁명을 할 수 있다. 군인은 혁명 못한다. …… 반드시 어느 때에 가서는 민중과 버그러지는 날이 오고야 만다. 즉 다시 말하면, 지배자로서 본색을

● 함석헌은 이 글 때문에 국가보안법 위반 혐의로 구속됐다. 필화 사건 후 《사상계》 구독자는 급격히 늘었다.

드러내고야 만다." 이렇게 얘기했으니 박정희나 김종필 같은 사람이 얼마나 기분이 나빴겠나.

그러니까 함석헌과 역할 분담을 했다는 장준하의 말도 맞을 수는 있다. 어쨌건 이게 시중에 나간 지 4~5일 후 장준하는 중앙정보부에 출두해 김종필을 처음으로 만났다.°° 2주일쯤 지나서는 부정 축재 처리 위원회라는 데서 나오라고 출두 명령서가 왔다. 장면 정부 때 김영선 재무부 장관이 《사상계》 빚을 갚으라고 변통해줬는데, 그걸 가지고 트집을 잡은 것이다. 이게 내내 말썽이 된다.

하여튼 이 당시 지식인이 어떤 태도를 취했느냐 하는 것에는 그 지식인이 어떤 사람이냐, 그리고 4월혁명과 5·16쿠데타 과정 속에서 어떻게 상황을 이해했느냐, 이런 것들이 큰 영향을 끼쳤다.

°° 장준하와 김종필 사이엔 흥미로운 일화가 있다. 1960년 하극상 사건으로 군복을 벗은 예비역 중령 김종필은 국토건설본부 간부이던 장준하에게 이력서를 넣었다. 그러나 채용되지는 않았다. 장준하는 훗날, 그 사건으로 예편된 장교들을 그때 채용했다면 5·16쿠데타 같은 건 없었을지도 모른다는 이야기를 남겼다.

5·16쿠데타를 어떻게 평가할 것인가
장면 정부 따라 한 군사 정권

장면 정권과 5·16쿠데타, 열한 번째 마당

김 덕 련 5·16쿠데타를 어떻게 평가할 것인지는 여전히 논란거리다.

서 중 석 5·16쿠데타에 대한 역사적 평가를 하려면 박정희 정권이 장면 정권과 어떤 관계에 있었는가, 이걸 밝히는 것이 아주 중요하다. 그간 살핀 것처럼 최고회의 의장 시절이건 대통령 시절이건 박정희가 장 정권을 워낙 심하게 비난했기 때문에 '장 정권하고는 아무 상관이 없다', 대부분이 이렇게 생각하고 있다.

그러나 한 번 역사를 봐라. 청나라는 명나라를 쳐서 새로운 제국을 세웠다. 그때 일부 한족은 자신들이 야만족으로 여기던 여진족이 청나라를 세웠다며 반발했다. 조금 경우가 다르긴 하지만 손문(쑨원)이 혁명을 할 때에도 '청을 멸해서 한漢을 일으키자'는 주장을 했다. 당시 많은 중국인들이 청을 이단시했다. 그렇지만 학자들은 명나라와 청나라는 당나라, 송나라, 원나라와는 성격이 다르고, 명과 청이 비슷한 체제였다고 보고 있지 않나. 예컨대 황제의 권한이 그 이전과 많이 다르다. 명나라, 청나라 때 황제의 권한을 새롭게 세운다. 그전엔 재상의 위치가 중요했는데 주원장이 없애버리지 않나. 그러면서 내각 비슷한 것이 중요한 권한을 갖게 되는 점도 비슷하고 총독·순무 제도 등 지방 통치 방식도 비슷하다. 또 성리학을 국가가 관학으로서 장려하고 과거 시험에서 필수로 한 것, 그리고 경제 제도, 서양에 대한 태도 등 많은 것에서 명·청기는 비슷한 시기라고 볼 수 있다.

또 '로마는 하루아침에 이뤄지지 않았다', 우리가 만날 하는 소리 아닌가. 역사는 하루아침에 이뤄지는 게 아니다. 그럼에도 박정희 때 뭔가 갑자기 이뤄진 것처럼 대부분이 믿고 있는데 참으로 이상한 신화, 말도 안 되는 신화다. 자유당은 특히 말기에 가서는 사회경제적으로 여러 조건이 달라지고 있었는데도 1960년 정부통령 선거 승리에 너무나도 심하게 매달렸다. 그 때문에 당시 꼭 필요했던 여러 정책을 제대로 시행하지 않았다. 그런 것들 중 상당 부분을 장면 정권이 이어받고, 그걸 또다시 5·16쿠데타 정권이 이어받는 것이다. 그래서 아주 많은 부분을, 특히 경제 부문에서 장면 정권과 5·16쿠데타 정권이 공유하고 있었다. 이런 점을 굉장히 중시해야 한다.

장면 비난한 박정희,
경제·통일·외교 등 정책은 대부분 이어받았다

—— 장면 정권과 박정희 정권이 공유한 게 많다는 이야기를 낯설게 여길 이들이 적잖을 것 같다. 어떤 부분을 공유했다는 것인가.

장면 정권이 하려고 한 정책 중 5·16쿠데타 정권이 실제로 정면 부인한 건 별로 없다. 놀라운 이야기라고, 내가 억지 주장을 한다고 할지도 모르겠지만 한 번 생각해봐라. 사실은 장면도 속으로는 하고 싶었지만 못했던 것도 있다. 박정희는 '장면 정부는 국민주권을 유린하고 반민주적 소위를 감행한 자, 민주적 국시를 반역하여 조국을 공산 괴뢰 집단에 넘겨주고자 한 반국가 행위자로 심판하고 있다'고 썼는데, 5·16쿠데타 정권처럼 무자비하고 무단적으로 혁신계를 처단할 생각은 못했고 안 했지만 극단적인 반공주의자였던 장면도 제일 문젯거리로 여긴 것이 혁신계였다. 이렇게 장면 정권과 박정희 정권은 여러 면에서 공유하는 게 있었다. 구체적인 면에서 차이가 난 건 민주주의 정부냐 강권 통치냐의 차이와 함께 그 당시의 상황 그리고 장면과 박정희의 차이 같은 것 때문으로 보는 게 좋다. 박정희 정권이 제2공화국을 계승했다는 점이 지금까지 너무나 무시됐는데 이를 중요시해야 한다. 이걸 거듭 강조하고 싶다.

통일 정책만 봐도 장면 정권이 '유엔 감시 아래 남북 총선거'를 내세웠는데 이걸 박정희 정권이 그대로 이어받았다. 더 중요한 것은 장면 정권도 사실상 '지금 통일 논의를 하지 말자', 이런 주장을 많이 한다는 점이다. '지금은 건설을 해야 할 때인데, 통일 문제를 갖고 국력이 소비되고 있다. 혁신계가 지나친 통일 주장을 하고 있다. 중립화 통일 논의는 절대로 받아들일 수 없다', 이런 이야기다.

심지어 장 총리가 "용공적인 통일이라면 차라리 남북한의 분단 상태를 이대로 두는 편이 낫다"고 해서 크게 쟁점이 되고 그러지 않았나. 반공 통일만이 우리가 지향해야 하는 통일이라는 주장을 장 총리는 여러 차례 명시적으로 이야기했다. 신상초 민주당 대변인도 '우리 통일 정책은 사실 이승만 정권 때와 다르지 않다'는 이야기까지 한다. 유엔 감시 아래 남북 총선거란 "대한민국의 유효한 지배를 북한에까지 확장하자는 주장인데 그것은 반공 통일인 점, 이승만식의 북진 통일론과 오십보백보의 차差밖에 없는 것"이라는 설명이다. 우리만이 정당하고 북한은 괴뢰라는 주장이기도 하다. 유엔 감시 아래 총선거도 공산당을 당으로 인정하고 경쟁하자는 게 아니라는 점도 생각해봐야 한다. 대한민국 헌법 범위 안에서 유엔 감시 아래 총선거를 하자는 것이다. 이건 국회에서도 한 번 결의하지 않았나. '민주주의 정부'가 아니면 용납할 수 없다고도 언명했다. 그런 점에서

장면 정권 시절인 1961년 3월 29일 국토 건설 사업의 일환으로 시행된 원주-춘천 도로 포장 기공식 때의 모습. 5·16쿠데타 정권은 장면 정권의 경제·통일·외교 정책을 대부분 이어받았다. 사진 출처: e영상역사관

박정희 정권의 통일 정책과 본질적으로는 차이나지 않는다.

　어느 것이나 사실은 '통일 논의 그만하자. 통일 운동은 반대다. 혁신계는 없는 게 좋다. 혁신계의 통일 운동은 위험하다', 장면이 법치주의와 민주적 절차를 중시한 반면 박정희의 정책이 무단적·극단적이었다는 점을 제외한다면 이런 생각을 공유하는 면이 컸다. 이승만 정권은 북진 통일론으로 통일 논의를 막았지만, 장면 정권은 그걸 막을 수가 없었다. 그러나 실제로는 반공 통일을 강하게 주장하면서 선건설을 내세웠다. 박정희 쿠데타 정권은 통일을 주장하는 사람들을 힘으로 탄압했다. 세상에, 특수 반국가 행위라는 기가 막힌 죄목으로 대거 검거해 처단하지 않았나. 또 장면 정권이 데모 규제법과 함께 반공법도 만들려고 했지만, 같은 보수 세력으로서 야당이던 신민당이 반대하고 혁신계가 2대 악법 반대 투쟁을 펴고 하면서 결국 성공을 못 시키지 않았나. 5·16쿠데타 세력은 반공법 제정 시도를 바로 이어받았다. 최고회의에서 장면 정권의 반공법을 거의 그대로 공포하지 않나.

─ 외교, 경제 부문에서는 어떠했나.

외교 정책에서 이미 허정 과도 내각 때부터 일본과 통상하는 문제를 제일 중요시하겠다고 이야기했다. 장면 정권도 똑같은 주장을 하고 활발한 활동을 구체적으로 한다. 일본과 교섭을 여러 면에서 하지 않나. 그것도 박정희 정권하고 똑같다. 다만 장면 정권은 '민의를 존중해 점진적으로 하겠다', 이런 태도를 취했다. 그러면서 어떻게든 일본 자금을 끌어들이려고 노력했다. 거기 재일 교포 자금이 있지 않았나. 이 점도 박정희 정권하고 비슷하다. 다만 박정희 정권은 훨씬 졸속으로, 성급하게 처리하려 하지 않았느냐는 비난을 받게 된다.

장면 정권은 제3세계에 대해서도 폭넓은 외교 정책을 주장한다. 이것도 놀라운 일이다. 장면 정권은 강성 반공 정권이라고 볼 수 있는데, 이때쯤 와서는 시대가 변한 것을 수용해 그런 태도를 취한 것이다. 박정희 정권은 조금 있다가, 시간 차이를 두고 이런 태도를 취한다.

무엇보다 경제 정책에서 비슷한 점이 아주 많다. 경제 건설 문제가 본격적으로 제기된 게 장면 정부 때라고 정치학자인 이용희 교수가 말하지 않았나. 장면 정부는 인프라 건설, 전력 개발과 석탄 생산 증진에 전력을 기울이고, 산업 철도도 놓고, 도로와 항만, 해운 사업에도 적극 임하겠다고 밝혔다. 이거야말로 박정희 정권이

1962년 4월 경제 개발 5개년 계획 모형 전시.
경제 개발 5개년 계획도 장면 정권에서 만든 것을
그대로 이어받은 것이다.

그대로 이어받는 것이다. 또 장면 정권은 국토 건설 사업을 의욕적으로 추진했다. 사방 사업, 산림녹화 사업을 진행하고 소양강댐, 춘천댐, 남강댐 같은 걸 만들겠다고 공언했는데 이것도 박정희 정권이 그대로 이어받는다. 장면 정부는 이런 정책들을 빠르게 만들어 1961년 3~4월부터 구체화한다. 이때 국장이었고 나중에 부총리까지 하는 이한빈은 민주당 내에 소수이긴 했지만 일류의 정책 고안자들이 있었다고 말했다. 당면한 과업에서 이 사람들이 상당히 중요한 역할을 했다는 것이다.

— 장면 정부는 공무원 공채를 실시하지 않았나.

경찰 공채도 대규모로 했지만, 일반 공무원 공채가 꽤 큰 규모로 이뤄진다. 국가공무원법도 장면 정권 때 개정되지 않나. 이승만 정권 때와는 아주 다르게 인사 관장 기관의 독립성 인정, 공무원 신분 보장 등을 골자로 해서 개정된다. 1963년 4월 17일 국가공무원법이 또 개정되면서 직업 공무원 제도가 더 구체화되는데, 장면 정부 때 세운 기본 원칙을 거의 그대로 답습한다.

자유당 정권 때는 사실상 친일파 관료제였다고 말할 수 있다. 편협한 시험 제도, 일관성 없는 충원 제도 때문에 대학 교육을 받은 새 세대한테는 오랫동안 거의 폐쇄되다시피 했다고 이한빈은 썼다. 장면 정부의 새로운 계획을 계기로 5급 공무원 채용 시험이라는 괄목할 인사 행정 개선이 이뤄지고 그것이 관료제에 눈에 띄는 활력을 불어넣었다는 것이다. 박정희 정권은 이런 것들을 조금 늦긴 했지만 대부분 이어받는다.

경제 개발 5개년 계획이라는 것도 장면 정권에서 만든 것을 그대로 이어받은 것이라고 전에 이야기하지 않았나. 쿠데타 정권이 책상 서랍에서 꺼내 그대로 썼다고들 말한다. 박정희 정권의 경제 개발이 일본과 국내 일각에서는 친일파 중심으로 이뤄졌다고 주장하지만, 테크노크라트(기술 관료) 중심으로 이뤄졌다는 건 누구나 이야기하는 것 아닌가. 테크노크라트 문제만 해도, 내가 강조하는 것처럼 1950년대 중반부터 미국에 가서 교육을 받은 새로운 세대, 새로운 관리들이 등장한다. 1958년에는 부흥부 내에 산업개발위원회가 만들어진다. 그 위원회가 중추가 돼서 1959년에는 3개년 경제 개발 계획안을 만든다.

5·16쿠데타 없이
민간 정부가 계속 집권했다면 어땠을까

—— 이승만 정권은 이 계획안을 시행하지 않지 않나.

이승만 정권은 부정 선거 생각에만 골몰해 이걸 4·19 직전인 1960년 4월 15일에야 통과시킨다. 자유당 정권은 1959년, 1960년 그 소중한 때에 정치 논리를 앞세웠다. 유능하다는 평을 들었던 김현철, 송인상 같은 고위 경제 관료들이 일을 할 수 있도록 해주지 않았다. 5·16쿠데타 세력이 4대 의혹 사건을 일으킨 것처럼, 자유당 정권도 정치 자금 문제가 경제 발전보다 더 중요하다고 생각했던 것이다.

어쨌든 테크노크라트가 장면 정권에서는 중요한 위치에 있었다. 장면 정권은 여러 유혹을 물리치고 고참자를 퇴직시키고 중견 관료를 승진시켜 새 기풍을 조성하려 했다고 이한빈은 썼다. 특히 경제 부처에서 과감한 인사 정책으로 젊고 과업 지향적인 관료를 책임 있는 지위에 대거 승진시켰다고 말한다. 물론 국영 기업체는 좀 나눠먹기 인사를 했다. 예나 지금이나 거긴 변함없나 보다.

그런데 군사 정권은 등장 직후 관료를 대거 내쫓고 소위 군인 정신이라는 걸 가지고 경제 정책을 폈다. 교육 정책도 마찬가지였다. 그런 식으로 관료들을 경원하고 불신했다. 내각을 최고회의 직속 기관으로 만들어놓고 내각에 힘을 싣지 않았다. 처음에 내각이 다 군인으로 구성됐는데도 그랬다. 나중에 김현철(미국 유학파, 이승만 정권 때 재무부 장관 등을 지냄)이 송요찬 대신 내각 수반이 되는데, 이 사람도 군인들 때문에 제대로 정책을 펼 수가 없었다.

군사 정권에서는 정치 논리가 너무나 강했다. 고리채 정리 사업도 현실을 무시한 군인들의 정치 논리가 크게 작용했다고 볼 수 있다. 화폐 개혁도 정치 논리가 경제 논리를 우선한 것이었다. 대표적인 사례가 4대 의혹 사건(새나라자동차 사건, 회전 당구기[세칭 '파친코'] 사건, 증권 파동, 워커힐 사건)이라는 것이다. 주가 조작, 횡령 등의 방식으로 자금을 빼낸 사건들로, 그 돈을 중앙정보부는 민주공화당을 만드는 데 필요한 정치 자금으로 썼다. 예컨대 증권 파동을 보면, 장면 정권과 5·16쿠데타 정권을 거치며 한국에서도 경제의 중요한 부분으로 이제 막 겨우 등장한 증권 시장에 엄청난 파동을 일으켰다. 그러면서 증권거래소의 정상적인 활동을 방해하고 경제를 큰 혼란에 몰아넣지 않았나. 정치 논리를 앞세운 결과다.

— 경제 개발 계획안을 만든 것은 1950년대식에서 벗어나 경제의 틀을 새롭게 짜겠다는 것을 뜻한다. 1960년대 이후 한국은 수

출 중심 경제로 바뀌는데, 여기서 빼놓을 수 없는 것이 환율 문제 아닌가.

장면 정권은 환-달러 환율을 1,300 대 1로 했다. 500 대 1이던 것을, 미국이 강요하다시피 하는 통에 이승만 정권이 말년에 650 대 1까지 높이기는 했다. 이승만 정권은 원조 물자를 받아먹는 것을 중심으로 하는 경제 정책, 즉 원조 경제 위주였기 때문에 수출 중심 정책을 펼 필요가 없었다. 그래서 환율을 비정상적으로 아주 낮게, 우리 화폐 중심으로 묶어뒀다. 그러면 수출이 되겠나. 장면 정부 때 와서 1,300 대 1로 고쳤다. 무려 2배로 했으니 야당과 언론에 얼마나 심하게 두들겨 맞았겠나. 그러나 박정희 정권은 1964년에 가서야 환율을 크게 올린다. 그러면서 수출 정책이 본격적으로 이뤄지는 것 아닌가. 환율을 정상적으로 안 해놓고 어떻게 수출 정책을 쓸 수 있겠나. 장면 정권이 그렇게 욕을 얻어먹으면서도 대단한 걸 했다고 본다.*

장면 정부는 수출 위주 정책을 쓰려고 노력했다. 수출 위축을 방지하고자 수출 보상금을 책정하겠다고 했고, 미국이나 서독에서 기술 원조와 장기 차관을 도입하겠다고 했다. 이것도 박정희 정권

---

* 1953년 2월 이승만 정권은 화폐 개혁(100원▶1환)을 하면서 환-달러 환율을 180 대 1로 고정하고자 했다. 통화량이 계속 늘어 고정 환율을 유지할 수 없는 상황이었지만, 최대한 평가 절상해 더 많은 원조를 받고자 한 것이다. 미국은 강력히 반대했다. 박태균 교수의 연구에 따르면, 미국은 한국의 통화량 증가를 억제하는 한편 통화 가치가 30퍼센트 이상 떨어지면 환율을 조정할 수 있게 했다. 그에 따라 1955년에 500 대 1로, 4월혁명 직전에 650 대 1로 조정됐다. 그러나 이는 공식 환율일 뿐이었다. 시장에서 실제로 적용되는 환율은 공식 환율의 2배가 넘었다. 장면 정권의 환율 대폭 인상에는 공식 환율과 시장에서 실제로 적용되는 환율을 맞추는 의미도 있었다. 한편 박정희는 1963년 11월, 물가 문제는 장면 정권이 환율을 대폭 인상한 탓이라고 비난했다. 그러나 이듬해, 박정희도 환율을 약 2배로 올렸다.

이 다 하는 정책이다. 장면 정권으로부터 이어받은 것이다. 다만 박
정희 정권 초기에는 잘못된 경제 정책을 많이 썼다. 시행착오를 거
듭했다. 그래서 1963년 대선에서 얼마나 고전하나. 서울, 경기에서
압도적으로 윤보선 표가 많이 나왔다. 윤보선이 좋아서 그랬겠나.

—— 1963년 대선 후 박정희 정권은 수출 증대를 밀어붙인다. 이 무
    렵 한국 경제가 도약하는 데 매우 유리한 국제 환경이 만들어
    지지 않았나.

　　박정희 정권은 1964년 환율 정책을 바꾸고 수출 드라이브 정
책을 강력하게 편다. 1965년 일본과 국교를 정상화하면서 청구권
자금이 들어왔다. 재일 교포 자금은 그 이전부터 들어왔다. 또 베트
남 파병을 하면서 그쪽에서도 돈이 들어온다. 미국도 1963~1964년
무렵부터는 경제 정책에서 박정희 정부를 상당히 많이 도와줬다.
그리고 서독에서 차관을 주고 우리는 광부, 간호사를 파견하게 된
다. 이러면서 우리 경제가 1964~1965년경부터 달라지지 않나. 그
렇게 경제가 발전하면서 경제 발전을 가리키는 용어로 '근대화'라
는 말이 반공과 함께 가장 중요한 정치 이념, 구호로 나오는 것이
다. 우리가 근대화라는 말을 하도 많이 듣다 보니까, '박정희 정권
이 쿠데타를 할 때부터 그랬을 것이다', 이런 식으로 생각하는데 그
렇지가 않다.

　　난 장면 정부가 1~2년만 더 해봤으면 어땠을까 하는 생각을
한다. 꼭 장면 정부가 아니더라도, 그러니까 내각 불신임과 선거 등
을 거쳐 새로운 민간 정부가 들어섰을 경우에도 어차피 장면 정부
처럼 적극적인 경제 정책을 펴지 않을 수 없었다고 본다. 그것을 1

년이고 2년이고 두고 봤으면, 군사 정권만이 경제를 발전시킬 수 있었겠느냐 하는 문제에 대해 해답을 줄 수 있었을 것이다. 왜냐하면 군사 정부가 쿠데타 후 2~3년 동안은 너무나도 잘못된 정책을 많이 펴지 않았나. 우리가 이런 것들을 구체적으로 봐야 한다.

장면 정권에 대해 내가 꼭 잘했다고 하는 건 아니다. 장면 정부에서 하려고 했던 것의 의미가 뭔지를 잘 파악해야 한다는 것이고, 장면 정부에서 한 일이 우리가 알고 있는 것보다 많다는 이야기다.

그럼에도 결과적으로는 성공한 혁명?
5·16은 반혁명 쿠데타

── 일각에서는 '헌정이 중단되긴 했지만 그 결과 근대화에 성공했으니 5·16은 성공한 군사 혁명 아니냐', '5·16혁명이 없었으면 한국이 어떻게 됐겠느냐'고 주장한다. 이런 주장, 어떻게 평가하나.

5·16쿠데타에 역사적으로 어떤 의미를 부여할 것인가 하는 것이 가장 큰 논쟁거리다. 쿠데타 주도 세력이 어떤 국가, 어떤 사회를 만들려 했는가에 따라 평가가 이뤄질 것이다. 전체적으로 볼 때, 좀 길지만 5·16 반혁명 군부 쿠데타라고 부르는 게 제일 사실에 부합하는 정확한 용어 아닌가, 난 그렇게 본다. 국사 교과서에서는 5·16 군사 정변이라고 쓰고 있다. 쿠데타와 비슷하게 정변이라고 보고 있다는 점에서 예전처럼 5·16혁명으로 규정하는 건 사라졌지만, 그 쿠데타가 중남미형에 가까운 반혁명적인 성격을 지니고 있

다는 점이 중요하다.

혁명이냐 반혁명이냐 하는 문제와 관련해 몇 가지 기준을 생각할 수 있다. 자유 또는 민주주의와 관련해 쿠데타 권력이 어떠한 역할을 했는가, 또 사회적 혁명과 경제적 혁명을 하려고 했는지 여부 등이 주된 초점이 될 것이다. 또 분단 고착화냐 통일 지향이냐, 이 문제도 중요하다. 그런데 지금은 누구든지, 뉴라이트까지 대부분 인정하는 것으로 알고 있는데, 민주적 합헌 정부를 쿠데타로 무너뜨리고 헌정을 2년 이상 중지시켰다는 점은 틀림없지 않나. 이런 점에서 우선 5·16쿠데타의 기본적인 성격을 엿볼 수가 있다.

— 5·16쿠데타를 거치며 자유와 민주주의는 명백히 퇴행하지 않았나.

자유가 크게 제한을 받았다. 우선 언론의 자유를 보자. 장면 정부 때는 언론의 자유가 너무나 많아 심지어 경향신문조차 장면 정부를 때렸다는 이야기를 할 정도였다.* 언론이 무조건 때리기만 하다시피 한 것이 장면 정부가 무능하고 부패하고 갈등과 파쟁만 하는 것처럼 보이게 하는 데 역할을 했다고 볼 수 있다.

이와 반대로, 5·16쿠데타 세력은 언론에 너무 심하게 했다. 1961년 5월 23일 포고령으로 정기 간행물 1,200여 종을 다 폐간시켰다. 이건 전두환 신군부가 언론 통폐합을 했던 것보다 더 심한 것이었다. 물론 이때는 계엄 시기이기 때문에 그랬기도 했겠지만 하

---

* 가톨릭 재단에서 만든 경향신문은 이승만 정권 때 가톨릭 신자인 장면에게 우호적이었다. 5·16쿠데타 당시 경향신문 사장이던 한창우는 장면의 사돈이었다.

1961년 7월 20일 자 동아일보. 박정희의 정례 기자 회견 소식을 전하고 있다. 여기서 외신 기자가 '정부가 두려워서인지 한국 신문들이 제대로 비판과 논평을 하지 않고 있다'고 지적하자, 박정희는 "이것이 사실이라면 그것은 언론인들의 기개가 부족하기 때문"이라고 말했다. 박정희 정권 18년 동안 기개가 있던 일부 언론인은 고통스러운 시간을 보내야 했다.

여튼 언론이 상당 기간 동안 큰 어려움을 겪었다. 1960년대 중후반부터 언론이 또 얼마나 강한 압력을 받나.

─ 흥미로운 일화가 있다. 1961년 7월 19일, 박정희는 최고회의 의장 취임 후 처음으로 정례 기자 회견을 열었다. 여기서 외신 기자가 '정부가 두려워서인지 한국 신문들이 제대로 비판과 논평을 하지 않고 있다'고 지적했다. 박정희는 이렇게 답했다. "혁명 일주일 만에 신문에 대한 통제를 해제했으며 언론인들이 두려워한다든지 겁을 내기 때문에 논평이나 비판을 제대로 하지 않는다는 것은 처음 듣는 일", "이것이 사실이라

면 그것은 언론인들의 기개가 부족하기 때문." 박정희가 말한 "혁명 일주일 만에"는 언론에 철퇴를 가한 1961년 5월 23일 그날이다. 언론을 짓밟은 다음 "언론인들의 기개"를 운운하는 매우 인상적인 풍경이다. 기개가 있던 일부 언론인은 박정희 정권 18년 동안 고통스러운 시간을 보내야 했다. 한편 미국 언론 《타임》은 1961년 8월, 한국 신문은 벙어리 신문이라고 꼬집었다.

양심과 사상의 자유도 크게 제약을 받았다. 1961년 7월 3일 최고회의는 '인신 구속 등에 관한 임시 특례법'(인신 구속 특례법)을 통과시킨다. "국가 재건 과업 수행에 중대한 영향을 미치는 죄를 범한 자"는 형사소송법에 구애됨이 없이, 법관의 영장 없이 구속, 압수, 수색을 할 수 있다는 내용이다. 그렇게 할 수 있는 것으로 "국가보안법 및 반공법에 규정된 죄"를 명시했다. 이건 법치주의에 정면으로 어긋나는 것이다.

양심과 사상의 자유에 제일 큰 장애가 된 건 같은 날 통과된 반공법이라고 볼 수 있다. 반공법에서 제일 무서운 건 '북괴를 이롭게 한다'는 이적죄 조항이다. 반공법 제4조 1항을 보면 "반국가 단체나 그 구성원의 활동을 찬양, 고무 또는 이에 동조하거나 기타의 방법으로 반국가 단체를 이롭게 하는 행위를 한 자 …… 이러한 행위를 목적으로 하는 단체를 구성하거나 이에 가입한 자", 2항을 보면 "전항前項의 행위를 할 목적으로 문서, 도화 기타의 표현물을 제작, 수집, 복사, 보관, 운반, 반포, 판매 또는 취득한 자"라고 돼 있다.

이 조항은 내면의 자유까지 무섭게 짓눌렀다. 이건 북한에 대한 사실을 이야기해도 안 된다는 것이다. 예컨대 "평양에 전차電車가 다니고 고층 건물이 여럿 있다", 이렇게 사실대로 표현해도 반공법에 걸릴 수 있었다. 금강산이나 백두산을 찍은 북한 사진을 가지고 있어도 마찬가지였다. 내가 1980년대에 알게 된 건데, 백두산의 경우 중국에서 촬영한 것은 반공법에 저촉되지 않지만 북한 쪽에서 찍으면 저촉된다는 것이었다. 세상에 이런 무지막지한 법이 어디 있나. 북한을 알아야 반공 투쟁도 할 수 있다고 배웠는데, 실제로는 그게 전혀 아니었다. 북한에 대해 철저히 무지하게 만드는 것이 극우 반공 세력한테는 필요했던 것이다. 그래서 북한에 대해 사실을 이야기하더라도 이적죄로 단죄되게 한 것이다. 북한 라디오를 우연히 들어도 반공법에 걸릴 수 있었다. 서해안 지방에서는 북한 방송이 잘 들렸다. 우리 방송을 틀다 보면 경우에 따라 북한 방송이 나올 수도 있는 것 아니겠나. 그렇지만 이걸 당국이 알면 반공법에 걸릴 수 있었다.

그럼 남한에 대한 비판은 마음대로 할 수 있었나? 박정희 정권 비판이 북한을 이롭게 한다는 것으로 해석될 수 있는 소지가 얼마든지 있었다. 그러니 남쪽에 대해 어디까지 비판할 수 있는가, 이게 굉장히 어려웠다. 내가 1960년대에 학생 운동을 할 때 학생과장이던 교수는, 우리가 발표하는 박정희 정권 비판 내용에 "되도록 북한도 비판하는 문구를 하나씩 넣어라", 이 이야기를 항상 하다시피 했다. 그래야 남쪽을 비판하는 것이 북한을 이롭게 하는 게 아니라는 걸 당국이 안다는 것이었다. 그게 말이 되나. 그 정도로 비판하기가 어려웠다.

5·16쿠데타가 만든
테러·감시·가위질의 시대

── 예술가들도 가위질의 공포에 일상적으로 가위눌려야 했던 어
   두운 시대 아니었나.

영화를 비롯한 수많은 창작물도 반공법에 걸릴 수 있다는 것
때문에 항상 두려움을 느낄 수밖에 없었다. 일기 하나 제대로 쓸 수
가 없었다. 잘못하면 나중에 어떤 건으로 저들이 집을 뒤지거나 할
때 '이거 북한을 이롭게 하려고 쓴 것 아니냐', 이런 이야기를 하면
서 딴지를 걸 수 있었다. 유현목의 영화 〈오발탄〉만 하더라도 장면
정부 말기에 개봉했는데, 군사 정부가 상영 중인 〈오발탄〉에 대해
재검열 지시를 내렸다. 그 바람에 상영이 중단됐다. 이유는 내용이
너무 어둡고 사회를 부정적으로 그렸다는 것이었다. 또 늙은 어머
니가 "가자" 하고 발작적으로 외치는 대사가 있는데, 그걸 '북한으
로 돌아가자'로 해석했다는 것이다.

1955년 이강천 감독이 만든 영화 〈피아골〉 건하고 똑같은 논
리다. 1950년대 영화 중 제일 우수한 작품으로 꼽히는 것 중 하나인
데, 검열에 걸려 많이 고쳐야 했다. 그러니 영화를 얼마만큼 사실적
으로 만들 수 있느냐, 이게 참 문제였다. 이만희 감독도 1965년 〈7
인의 여포로〉를 만들었다가 반공법 위반으로 구속됐다.* 〈7인의 여
포로〉는 문제의 장면을 삭제, 수정한 후에 〈돌아온 여군〉이라는 제

---

* 한국전쟁 때 여성 포로를 겁탈하려는 중국군을 사살한 북한군을 인간적으로 그렸다는
  게 죄였다. 이때 이만희를 옹호한 유현목도 반공법 위반으로 기소됐다. 또한 검찰은 유
  현목이 만든 영화 〈춘몽〉을 외설로 몰아갔다.

유현목 감독의 영화 〈오발탄〉 포스터(위)와 이만희
감독의 영화 〈7인의 여포로〉의 한 장면. 예술인들은
자신의 창작물이 반공법에 걸릴 수 있다는 것 때문에
항상 두려움을 느낄 수밖에 없었다.

목으로 상영됐다. 이렇게 한국전쟁에 관해서건 뭐건 어떻게 표현할
것이냐 하는 것이 반공법 때문에 정말 어려웠다.

─── 사람들을 옥죈 건 인신 구속 특례법과 반공법만이 아니지 않
았나. 대표적으로 국가보안법은 이 시기에도 집권 세력이 비판
세력을 탄압하는 전가의 보도 아니었나.

5·16쿠데타 세력은 1962년 9월 국가보안법을 개정했다. 반국
가적 범죄를 범해 유죄 판결을 받고 5년 내에 다시 국가보안법을
위반하면 법정 최고형인 사형까지 선고할 수 있다는 조항을 신설했
다. 그리고 중앙정보부는 국민을 감시했다.

이러니 혁신계도 죽은 것이나 다름없게 된다. 혁신계의 통일
운동, 정치 활동 같은 걸 특수 반국가 행위로 철저히 처단하지 않았
나. 박정희 정권 때 혁신 정당을 표방한 게 없었던 건 아니지만 그
걸 혁신 정당, 진보 정당이라고 볼 수 있느냐는 비판을 받았다. 한
국전쟁 전후 민간인 학살 사건, 각종 의혹 사건에 대해서도 입도 뻥
끗하기 어려웠다. 현대사에서 연구할 수도, 교육할 수도 없던 분야
가 또 얼마나 많았나. 이처럼 5·16쿠데타는 자유, 민주주의, 인권,
남북 관계와 자주성, 그리고 시민들의 자율성에 기반을 둔 시민사
회 형성 같은 걸 후퇴시켰다. 법치주의도 군인들의 소위 '혁명 재
판'이나 자의성에 의해 크게 제약을 받았다. 통일 운동을 하기는커
녕 통일 방안 같은 것을 제시하기도 어려웠다. 통일 논의 자체가 제
약을 받았다. 이러한 상황에서 분단 고착화 현상이 한층 더 심화될
수밖에 없었다. 그러니 혁명은 고사하고 오히려 반혁명적 성격을
지닌 것으로 볼 수밖에 없지 않나.

정당 정치와 의회주의가 1960년대에 제대로 시행됐나? 그것보다는 행정 정치, 정보 정치를 한 것이라는 이야기를 더 많이 들었다. 여당이 앞장서서 날치기 통과도 많이 하고 그야말로 권력의 시녀 노릇을 하지 않았느냐는 이야기를 많이 들었다.

그리고 노동 운동 같은 걸 제대로 할 수가 있었느냐, 이 말이다. 포고령 제6호(1961년 5월 22일)로 정당, 사회단체, 노동조합 해산령을 내리고 많은 노조 간부를 구속한다. 5·16쿠데타 후 어용 노조로 이야기되는 산별 노조를 만들지 않나. 권력 기관에서 통제하기 좋은 산별 노조로 바꾸면서 한국노동조합총연맹(한국노총)을 만든다. 그러면서 이승만 정권 말기부터 민주적인 노동 운동을 한 김말룡 같은 노동 운동가들이 심한 탄압을 받지 않나. 노조가 권력에 종속되고 노동 운동을 하기 어려운 상태가 된다.

농협이 전국적인 조직으로 탄생하고 활동에 들어가는 건 5·16쿠데타 이후다. 그전에 이야기가 무성했는데, 자유당 정권은 이걸 제대로 하지 못했다. 어이없는 건 농협 조합장도 농민들이 선출하는 게 아니라 임명제로 했다는 것이다. 그래서 농협 조합장 직선제 쟁취를 위한 100만 서명 운동 같은 것이 1980년대 중반에 가서 거세게 일어난다. 농민들의 농협이라고 보기 어려웠기 때문이다. 관권에 의해 처리되는 농협이었다. 중앙 농협 같은 것은 다 관권에 의해 임명됐는데, 금융을 더 중시하지 않았나. 또 농지개량조합 조합장도 임명제였다.

풀뿌리 민주주의라는 지방 자치도 완전히 뿌리 뽑혔다. 지방

옛 농업은행과 옛 농협이 5·16쿠데타 후 통합해 새로운 농협이 출범했다. 그리고 6월항쟁 이후 농협 등의 조합장 선출 방식이 직선제로 바뀌고, 1989년 첫 선거가 치러졌다.

자치는 1991년에 와서야 부분적으로 부활한다. 이런 여러 면에서 퇴행한 것이다. 이런 상태에서 군인들이 관권, 행정권을 비대화하고 사회를 통제하고자 했다.

농협이건 농지개량조합이건 지방 자치건 모든 것이 임명제가 된 데에는 또 다른 이유가 있다. 박정희와 김종필은 강력한 영도 체제나 지도자를 옹호했고, 헌법이건 정당법이건 여당 권력의 강화, 비대화와 함께 권력의 독식을 위해 작동하도록 머리를 짜냈다. 농협이나 지방 자치 단체의 장을 임명하고 지방 의회를 없앤 것에는 다른 쪽과 나눠 갖는 것을 배제하고 자신의 세력이 모든 것을 독식하려는 의도가 있었다.

5·16쿠데타는 합리적 반공과도, 현상 타파와도 거리가 멀었다

—— 4월혁명이 꿈꾼 새로운 나라의 토대를 5·16쿠데타 후 박정희 정권이 만들었다는 시각도 있다. 이런 주장, 어떻게 평가하나.

쿠데타 주동 세력의 정치 이념은 반공 태세를 재정비하고 강화한다는 '혁명 공약' 제1호에 잘 드러나 있다. 그런데 이건 4월혁명이 가져온 자유와 민주주의, 인권을 발전시키기 위한 합리적인 반공이라기보다는 1950년대 분단 세력의 수구적인 냉전 이념을 보호하기 위한, 곧 분단 세력의 현상 유지를 위한 반공이라고 볼 수 있는 측면이 더 강하다.

5·16쿠데타는 현상 타파적이던 조선 왕조 개창, 갑신정변이나

갑오개혁, 독립 운동(반제·반봉건 민족 해방 운동), 3·1운동, 8·15 해방, 4월혁명과 다르다. 왕정을 타파하고 반제 민족주의를 앞세워 변화를 추구했던 이집트 등의 아랍 쿠데타와도 다르다. 중남미 쿠데타처럼 기득권 세력을 보호하고, 현상 변화나 현상 타파 즉 혁명을 예방하겠다는 반동적이고 반혁명적인 성격을 갖는다고 봐야 하지 않겠나. 5·16쿠데타의 의도는 전 세계적 규모의 냉전 체제를 공고히 하기 위해 통일 세력, 진보 세력에 타격을 가하겠다는 것, 역사의 정상적인 진행에 제약을 가하겠다는 것으로 해석할 수 있다.

쿠데타 주동 세력 중엔 일본(만주국 포함) 군대에 몸담았던 사람들이 있지 않았나. 핵심 축은 일제 말 군국주의 파시즘 문화를 청산하지 못한 상태에서 쿠데타를 일으킨 측면이 있다. 1932년 5·15쿠데타, 1936년 2·26쿠데타를 일으킨 일본 군인들은 자신들이야말로 대일본제국을 민간인들의 부패와 의회주의, 정당 정치로부터 구할 참신한 혁신 이념을 가졌다고 확신했다. 도쿄 전범 재판에서 연합국이 각별히 단죄한 그러한 이념의 영향을 받은 군인이 5·16쿠데타 핵심 주동 세력 중에 없지 않았던 것 같다.

박정희는 철학을 기반으로 한 정치 사상을 가진 사람이 아니었다. 5·15쿠데타, 2·26쿠데타에 관심이 있었고 저열하다고 믿은 한국인의 민족성, 식민지 노예근성을 개조해야 한다는 사고, 의회주의와 정당 정치에 대한 반감, 극단적인 반공 정책이 결합한 모습을 보였다. 의회주의와 정당 정치에 대한 반감은 서구 문화, 특히 개인주의와 자유주의에 대한 혐오감과 직결돼 있다.

그렇지만 5·16쿠데타 세력이 장면 정권을 계승한 것 중에는 평가받을 수 있는 면도 적지 않게 들어 있었다. 아울러 5·16쿠데타는 반혁명적 성격을 띠고 있었지만, 4월혁명이 열어놓았고 추구했던 4월혁명 정신을 어떤 형태로라도 받아들이지 않을 수 없었던 역사적 상황이 5·16쿠데타 이후에 혼재해 있었다는 점도 중시해야 할 것이다. 그것이 쿠데타 권력으로 하여금 민정 이양을 하지 않을 수 없게 한 기본적 힘이었다. 4월혁명으로 상징되는 사회의 전반적 역량의 축적과 성장이 쿠데타 세력으로 하여금 타협을 하지 않을 수 없게 해 민정 이양으로 가게 했고, 1960년대에 기본적 민주주의와 인간의 기본권을 일정하게 갖추게 했다.

그러한 사회적 힘 또는 역량의 한 축에 학생이나 언론, 야당 등의 비판 세력이 있었다. 그뿐 아니라 어용적 성향을 가질 수밖에 없었던 노동 단체나 교사 단체, 그 밖의 각종 사회단체도 자신들이 추구하는 바를 실현하기 위해 권위주의 권력과 갈등하기도 했다. 여당인 공화당의 당원들 가운데에도 진보적 인사가 있었고, 기본적으로 민주주의와 인권이 지켜져야 한다고 믿었던 사람들이 상당수 있었다. 1969년 3선 개헌이 수면 위로 떠올랐을 때 초기에는 공화당 의원 중 반수 정도가 그것에 반대했고, 지지하는 의원들 가운데에도 '3선 개헌만 허용하고 영구 집권이나 독재를 하게 해서는 안 된다'는 사람들이 적지 않았다.

아울러 5·16쿠데타의 성격을 고찰할 때, 박정희가 자신이 추구하던 권력을 유신 체제라는 형태로 구현하는 데 5·16쿠데타 후 11년이라는 시간이 걸렸다는 점을 우리가 깊이깊이 생각해봐야 한다. 또 그렇게 견고해 보였던 유신 체제도, 비판과 저항에 부딪히고 학생과 시민들의 부마항쟁이 결정적 계기가 돼 7년 만에 박정희 자신의 목숨과 함께 종말을 고했다는 점도 재삼재사 숙고해봐야 하지 않을까 한다.

나가는 말

1

2017년은 박정희 전 대통령이 태어난 지 100년이 되는 해입니다. 아니나 다를까, 혈세를 쏟아부어 박정희 탄생 100주년 기념사업을 추진하려는 움직임이 나타나고 있습니다. 그와 더불어, 이러한 움직임이 일방적인 미화와 우상화로 귀결될 것이라고 우려하는 목소리도 나오고 있습니다.

박정희 전 대통령은 한국 현대사의 문제적 인물입니다. 박정희라는 인물, 그리고 그의 집권기를 어떻게 평가할 것인가 하는 문제는 한국 현대사 이해에서 핵심 과제 중 하나입니다. 대중적으로 의견이 엇갈리는 사안이기도 합니다. 박정희 세력이 끼친 폐해를 직시해야 한다며 비판적으로 바라보는 사람들도 있지만, 오늘날 이만큼 발전한 건 박정희 전 대통령 덕분이라며 박정희를 희대의 영웅으로 여기는 이들도 있습니다.

이처럼 박정희에 대한 평가는 극명하게 차이가 납니다. 이 대목에서 한 가지 의문이 듭니다. 박정희가 어떠한 삶을 살았는지, 그의 집권기에 실제로 어떤 일이 있었는지를 충분히 파악한 상태에서 이뤄진 평가일까요? 안타깝게도 그런 것과는 거리가 멀어 보입니다. 그러한 현상은 특히 박정희를 떠받드는 이들에게서 훨씬 심하게 나타난다고 볼 수 있습니다. 반신반인半神半人이라는 낯 뜨거운 이야기까지 버젓이 나오는 데서도 이 점을 느낄 수 있습니다.

오늘날 필요한 건 박정희 우상화가 결코 아닙니다. 박정희 신화를 벗어던지고 박정희와 그의 집권기를 제대로 인식해야 할 때입니다. 이것은 위기에 처한 한국 사회가 나아갈 길을 여는 작업과도 직결됩니다. 한국 사회가 직면한 심각한 문제들 중 상당수가 박정희 집권기와 맞닿아 있기 때문입니다. 그런 점에서도 박정희 바로 알기는 피할 수 없는 과제입니다.

2.

그런 차원에서 《서중석의 현대사 이야기》는 박정희와 그의 집권기를 집중적으로 조명하고자 합니다. 이번에 선보이는 5·6권에서는 5·16쿠데타를 계기로 박정희가 권력을 움켜쥐는 과정을 다뤘습니다. 4월혁명으로 열린 가능성의 공간이 어떤 식으로 짓밟혔는지는 본문에서 상세히 다뤘으니, 여기서는 6권 부제 중 '배신의 정치' 부분에 대해서만 조금 설명을 드리겠습니다.

다들 아시겠지만 '배신의 정치'는 박정희의 딸 박근혜 대통령이 유포한 표현입니다. 이를 통해 박근혜 대통령은 자신과 다른 의견을 낸 정치인을 배신자로 낙인찍었습니다. 이러한 행태는 거센 역풍을 불러일으켰지요. 민주주의를 지향하는 사회에서 대통령과 견해가 다르다고 해서 배신자라는 딱지가 붙는 것 자체가 이해하기 어려운 일이기 때문일 것입니다. 대통령이 대선 공약을 숱하게 저버린 것 등이 진정한 배신이며 대통령 자신부터 반성하는 게 도리라는 지적도 곳곳에서 나왔습니다. 사적인 감정을 부당하게 앞세우는 대신 민주주의 원리와 역사의 흐름에 비춰 사안을 판단해야 한다는 뜻이 담긴 지적이었지요.

박근혜 대통령이 절대적으로 추앙하는 것으로 보이는 부친 박정희의 집권 과정을 '배신의 정치'라는 틀로 되짚어보면 어떨까요? 1961년 5·16쿠데타에서 1963년 12월 제3공화국의 출범에 이르기까지 박정희가 보인 모습은 개인적 신의와도, 민주주의 원리와 역사의 흐름을 준거로 한 대의와도 거리가 멉니다.

사적인 부분을 먼저 짚어볼까요? 이 시기에 박정희는 목숨을 걸고 자신과 함께한 동료들 중 상당수를 내쳤습니다. 그것도 반혁명이라는 무시무시한 낙인을 찍은 채. 그런 식으로 밀려난 이들 중에는 박정희가 아주 어려운 처지에 놓였을 때 여러 차례 구원의 손길을 내밀었던 은인도 포함돼 있습니다. 권력 앞에서는 동료도, 은인도 안중에 없었던 셈입니다. 일제 시대에 만주군 장교였다가 해방 후에는 남로당 프락치로 변신하고, 그 후에는 군 내부의 남로당 조직 정보를 제공하고 자신만은 살아났던 박정희로서는 어쩌면 지극히 자연스러운 행보 아니었을까 하는 생각마저 들게 하는 모습입니다.

공적인 측면을 살펴보면 이러한 특징은 더욱 두드러집니다. 그 중 몇 가지만 살펴볼까요? 예컨대 민정 이양 문제를 두고 박정희는 줄기차게 말을 바꿉니다. 이른바 '혁명 공약'의 하나로 천명하고 국민들에게 거듭 약속한 것에 더해, '혁명 공약'대로 민정에 참여하지 않겠다고 공개적으로 선언해놓고도 곧바로 손바닥 뒤집듯 태도를 바꿉니다. 4월혁명을 초래한 1960년 3·15 부정 선거 원흉, 발포 사건 책임자 등을 철저히 처벌하는 것과도 거리가 멀었습니다. 오히려 '구악 중 구악'이던 자유당 정권 고위층을 공화당에 대거 끌어들였습니다. 부정 선거범보다 더 욕을 먹고 있던 부정 축재자 처리 문제에서도 국민 다수의 바람과는 거리가 먼 조치를 취했습니다. 그와 달리 독립운동과 분단 해소를 위해 몸을 바친 사람들 중 상당수는 5·16쿠데타 후 반국가 범죄자로 몰려 억울한 옥살이를 해야 했습니다. 한국전쟁 전후 민간인 학살의 피맺힌 진실을 규명하려 한 유가족은 쿠데타 세력에게 철퇴를 맞았습니다. 심지어 희생자들의 묘까지 훼손되는 참담한 일까지 겪어야 했습니다. 그에 더해, '혁명'이라는 포장과 달리 반혁명의 성격이 강했던 군사 쿠데타가 민주주의와 인권을 심각하게 후퇴시켰다는 건 더 설명할 필요가 없겠지요.

민주주의 원리와 역사의 흐름에 비춰 볼 때 이러한 일들이 배신의 정치라는 규정에서 자유로울 수 있을까요? 박정희 세력의 이러한 특징은 이때뿐만 아니라 1979년 10·26으로 무너질 때까지 그 형태를 조금씩 달리하며 계속 나타난다는 점도 생각해볼 대목입니다. '이만큼 사는 건 박정희 대통령 덕분'이라고 지레짐작하는 대신 이러한 문제들을 비롯한 박정희 정권의 실상을 차분히, 함께 되짚었으면 하는 바람입니다.

3.

박정희와 그의 집권기에 대한 집중 조명은 앞으로도 계속됩니다. 한일협정과 경제 개발, 그리고 유신 쿠데타를 거쳐 10·26으로 몰락하는 과정도 차례차례 책으로 정리해 독자 여러분을 찾아갈 예정입니다. 연재에 관심을 보여준 언론 협동조합 프레시안 박인규 이사장과 연재 정리를 도와준 프레시안 후배 최하얀·서어리 기자, 그리고 작업 공간을 제공해주는 등 물심양면으로 지원해준 인문 기획 집단 문사철의 강응천 주간께 감사 인사를 전합니다.

2016년 5월
김덕련

서중석의 현대사 이야기 ❺

초판 1쇄 펴낸날	2016년 5월 16일
초판 3쇄 펴낸날	2024년 10월 14일
지은이	서중석·김덕련
펴낸이	박재영
편집	임세현·이다연
마케팅	신연경
디자인	조하늘
제작	제이오
펴낸곳	도서출판 오월의봄
주소	경기도 파주시 회동길 363-15 201호
등록	제406-2010-000111호
전화	070-7704-5018
팩스	0505-300-0518
이메일	maybook05@naver.com
X(트위터)	@oohbom
블로그	blog.naver.com/maybook05
페이스북	facebook.com/maybook05
인스타그램	instagram.com/maybooks_05
ISBN	978-89-97889-98-3 04900
	978-89-97889-56-3 (세트)

만든 사람들

책임편집	박재영
디자인	조하늘